Roland Buck/C. & F. Hunter
Begegnungen mit Engeln

Roland Buck / C. & F. Hunter

Begegnungen mit Engeln

Die Botschaften, die sie bringen, unterstreichen die großen Wahrheiten der Bibel

Titel der Originalausgabe: Angels On Assignment

Aus dem Englischen übersetzt von Leslie Richford

9. Auflage 2010 (1. Aufl. im Asaph-Verlag)

ISBN 978-3-940188-32-8
Best.-Nr. 147432

Titelgestaltung: joussenkarliczek, Peter Karliczek, D-Schorndorf
(unter Verwendung eines Fotos von © Photocase/Christoph von Rohden)
Druck: Schönbach-Druck, D-Erzhausen
Printed in Germany

Roland H. Buck

Roland Buck wurde am 13. Juni 1918 in Everett im US-Bundesstaat Washington geboren.

Er promovierte 1939 am Northwest College in Seattle, Washington.

Als Pastor diente er Gemeinden in Granger und Yakima, Washington, und Gooding und Boise, Idaho.

Von 1950 bis zu seinem Tod 1979 war er Pastor des Christlichen Zentrums Boise. 1978 betrug der durchschnittliche Gottesdienstbesuch seiner Gemeinde etwa 1800 Menschen.

Am 13. Juni 1942 heiratete er Charmian Jacobson. Im Jahre 1929 erlebte Roland Buck die geistliche Wiedergeburt und empfing gleichzeitig die Taufe im Heiligen Geist.

Charmian erlebte mit zehn Jahren die Wiedergeburt. Im Alter von 21 Jahren wurde sie im Heiligen Geist getauft.

Inhaltsverzeichnis

Wer war Roland Buck?

Dies ist die Geschichte eines einfachen Menschen, der eine Reihe von außergewöhnlichen Erlebnissen machte.

Wir hörten das erste Mal von Roland Buck, nachdem wir einmal erzählt hatten, wie Gott einen besonderen Schutzengel beauftragte, uns bis zur Wiederkunft Jesu vor den feurigen Pfeilen des Teufels zu beschützen. Ein Ehepaar fragte uns: „Habt ihr von dem Pastor in Boise, Idaho, gehört, der von Engeln besucht wird? Die Engel unterhalten sich mit ihm und bringen ihm Botschaften von Gott."

Obwohl sich Gott in unserer Zeit häufig mit übernatürlichen Kraftoffenbarungen bezeugt, beeindruckte uns diese Geschichte außerordentlich. Doug und Ruth erzählten nämlich, es sei der Engel *Gabriel*, der die Botschaften überbringe. Wir waren zuerst der Meinung, dies sei die wahnsinnigste Sache, mit der wir jemals in Kontakt gekommen waren. Und doch konnte uns das Ehepaar so sehr überzeugen, daß sich in uns ein Hunger regte, mehr darüber zu erfahren.

Wir waren so beschäftigt, daß wir keine Zeit hatten, diesen Pastor anzurufen und Einzelheiten in Erfahrung zu bringen; aber Gott hatte schon alles vollständig geplant. Immer wieder wies Er uns darauf hin, daß wir uns mit Roland Buck in Verbindung setzen sollten, um mit ihm zusammen ein Buch zu schreiben. Doch hatten wir viel zu tun und verschoben das Ganze. Aber obwohl wir sehr beschäftigt waren, ließ Gott nicht nach. Er führte ein Ehepaar aus Sitka in Alaska nach Houston. In der Stadt Eugene im Bundesstaat Oregon hatten sie eine Reihe Kassettenbotschaften abgeholt; diese sollten wir uns anhören. Während der ganzen Fahrt von Eugene nach Houston hatten sie die Kassetten abgespielt, und jetzt konnten sie von nichts anderem reden. Immer wieder schwärmten sie: „Ihr müßt sie einfach hören! Ihr müßt sie einfach hören!"

Also hörten wir sie uns an. Jedes Mal, wenn wir im Auto unterwegs waren, legten wir eine „Engelkassette“ auf. Nachts beim Schlafengehen hörten wir eine „Engelkassette“. Dann sagte Charles an einem Freitagnachmittag: „Ich muß jetzt den Pastor Buck anrufen und versuchen, einen Termin für ein Interview abzumachen. Er sollte wirklich ein Buch schreiben, denn diese Engelbotschaften sind so fantastisch, daß sie die ganze Welt hören sollten.“ Frances war ebenfalls von der Vorstellung begeistert, daß sich Engel mit einem Menschen unterhalten können. Also gingen wir zum Telefon und riefen an.

Sofort lud uns Pastor Buck ein, an einem Abend in seiner Gemeinde zu dienen. Er sei durchaus in der Lage, tagsüber Interviews aufzunehmen. Er versicherte uns, der Kern der Engelbotschaften sei in den Kassettenpredigten enthalten, es könne jedoch einige zusätzliche Dinge geben, die wir uns anhören sollten. Wir platzten beinahe vor Ungeduld!

Wir kamen am Sonntagabend kurz vor dem Gottesdienst an. Danach gingen wir mit Roland und Charmian Buck essen. Wenn wir vorher Zweifel an der Sache gehabt hätten, wären sie jetzt verschwunden, während Pastor Buck einige der kostbaren Wahrheiten mitteilte, die ihm die Engel von Gott überbracht hatten.

Die nächsten zwei Tage verbrachten wir damit, Interviews aufzunehmen. Wir schauten ins Herz eines Mannes hinein, der sagen konnte: „Ich möchte, daß Gott im Mittelpunkt steht. Er allein soll verherrlicht werden. Für mich selber möchte ich keinen Ruhm.“ Wir stellten viele Fragen, die auch jeder andere gestellt hätte: „War es ein besonderer Tag, als Sie das erste Erlebnis machten?“ Dazu meinte Pastor Buck: „Nein. Als ich in jener Nacht ins Bett ging, hatte ich einen ganz normalen Tag hinter mir. Als ich geweckt wurde, dachte ich zuerst an alles andere als an Engel.“

Wir staunten über Pastor Bucks großes Bibelwissen, der nicht nur den Text genau zitieren konnte, sondern auch jeweils Vers und Kapitel dazu wußte. Sein ganzes Reden schien sich nur aus Gottesworten zusammenzusetzen. Wir fragten ihn, ob er immer so ein gutes Gedächtnis gehabt habe, oder ob ihm dieses erst seit seinem Erlebnis im „Thronsaal“ geschenkt worden sei? Seine Antwort: „Vor jenem Erlebnis mußte ich die Bibelstellen benutzen, die ich sowieso auswendig kannte. Ich habe auch deswegen die Bibel immer wieder durchgelesen. Ich war jahrelang Pastor, aber ich mußte meine Bibelverse immer in einer Konkordanz nachschlagen. Die 2000 Verse, die Gott mir damals gab, brauche ich nicht mehr nachzuschlagen. Ich muß meine Bibel nicht einmal aufschlagen, denn *ich weiß die Stellen einfach auswendig!*"

Uns beeindruckte besonders, daß die Erlebnisse, von denen er uns berichtete, immer mit der Bibel übereinstimmten.

Eines Abends sagte Charles: „Kannst du dir vorstellen, jemand würde an einen jüdischen Zimmermannssohn glauben, der auftritt und sagt: Ich bin der Weg, die Wahrheit und das Leben. Niemand kommt zum Vater denn durch mich (Johannes 14, 6)? An Berichte über Engel im 20. Jahrhundert glaubt man eher als daran, daß dieser einfache junge Mann Jesus der Sohn Gottes war!"

Die Sache mit Jesus haben die meisten nicht akzeptiert, sondern nur wenige. Heute wird es genauso sein. Einige werden diese Geschichten annehmen und andere nicht. Wir selbst glauben daran! Ob Sie es glauben oder nicht, doch dieses Buch will Ihnen einen tieferen Blick für die Liebe Gottes schenken und Jesus lebendig machen. Dabei werden Sie das Gefühl haben, schon jetzt mit der Ewigkeit verbunden zu sein.

Charles und Frances Hunter

Vorwort von Charmian Buck

Es ist so schön, in diesen Tagen leben zu dürfen! Zwar nehmen Finsternis und Bosheit zu, aber wir sind getrost, weil wir wissen, daß Gott uns liebt. In unseren Tagen schenkt Er eine weltweite, übernatürliche Erneuerung.

Man erkennt eine geistliche Erweckung immer daran, daß dabei viele Glaubensheilungen und Bekehrungen vorkommen. Menschen werden von der Kraft Gottes angerührt.

Es ist ein Teil von dem besonderen Handeln Gottes, daß Er sich auch durch Engelbotschaften offenbart. Wunderbar ist es, daß unsere Gemeinde und Familie an diesen Liebesoffenbarungen Gottes teilhaben dürfen.

Wenn Menschen hören, daß mein Mann viele Begegnungen mit Engeln hatte, stellen sie oft zwei Fragen: „Haben auch Sie einen Engel gesehen?" und „Warum hat sich Gott gerade Ihren Mann ausgesucht?"

Ich bin noch nie einem Engel begegnet; doch habe ich zeitweise eine solche Überströmung der Gegenwart Gottes erfahren, daß ich ins Wohnzimmer gehen mußte, um Ihn zu loben und preisen. Ich bin voller Frieden, denn ich weiß, daß Er alles wohlmacht. Mein Mann ist ein Leiter und Diener des Volkes Gottes, darum hat Gott Seine Hand besonders auf ihn gelegt. Wer bin ich, daß ich Gott in Frage stellen dürfte? Mein Mann und ich lieben uns sehr, und wir tun unseren Dienst gemeinsam. Auch wenn ich keinen Engel gesehen habe, so bin ich doch reichlich gesegnet worden, als mir mein Mann die Wahrheiten mitteilte, die Gott ihm gezeigt hatte.

Auf die Frage, warum sich Gott gerade meinen Mann aussuchte, kann ich nur eine menschliche Antwort geben, weil ich Gottes Handeln auch nicht immer verstehe.

Zum einen läßt sich mein Mann nicht leicht bewegen. Wir stehen seit 29 Jahren in Boise im geistlichen Dienst. In all diesen Jahren habe ich bei meinem Mann ein solches Gottvertrauen kennengelernt, daß er mir wie der Fels von Gibraltar vorkam.

Trotz aller religiösen Modeerscheinungen blieb sein Dienst auf klarem Kurs, nicht „von jedem Wind der Lehre hin- und hergetrieben". Alle fragwürdigen Meinungen überprüfte er ganz genau.

Er studierte das Wort Gottes ständig. Durch seinen Dienst hat er ungläubigen Menschen immer eine Brücke zu Gott gebaut und nie Hindernisse errichtet.

Die Begegnungen mit den Engeln waren nicht seine ersten besonderen Erfahrungen mit Gott. Oft kam er erst morgens früh ins Bett, nachdem ihm Gott die ganze Nacht hindurch besondere Wahrheiten aus Seinem Wort großgemacht hatte, indem Er ihm viele Bibelstellen auf ganz neue Weise lebendig machte.

Bei mir und unseren vier Kindern haben seine Beständigkeit und Zuverlässigkeit ein unerschütterliches Vertrauen zum Herrn bewirkt. Mein Mann erlitt drei Herzinfarkte und einen Herzstillstand, doch spürte unsere Familie in allen Nöten den Frieden Gottes. Gott hat uns so reich beschenkt!

Obwohl mein Mann sehr viel über dem Wort meditiert hat, ist er doch kein Mystiker, sondern ein sehr nüchterner Mensch. Meine Liebe und mein Vertrauen zu ihm sind ständig gewachsen.

Gott kann handeln wie Er will und bestimmte Menschen für besondere Aufgaben auserwählen. Hat Er nicht im Alten sowie im Neuen Testament viele Menschen besucht? Auch heute kann er dasselbe tun. Gott ist ein Gott des Übernatürlichen — wer könnte es leugnen?

Charmian Buck

Vorwort zur deutschen Ausgabe

Ich kenne Roland Buck, seit er Jugendlicher war. In all den Jahren ist sein Dienst für den Herrn beständig geblieben. Die Gemeinden, die er leitete, sind alle gewachsen, und die Gemeindeglieder mochten ihn immer sehr. In den letzten zehn Jahren seines Lebens erhielt er zunehmend die Fähigkeit, Menschen in ihrer Not zu helfen, und deswegen konnte seine Gemeinde so rapide wachsen. Er hatte eine besondere Gabe, in Eheproblemen zu helfen. Allein in einem einzigen Jahr kamen 119 Ehepaare zu ihm in die Seelsorge. Keiner dieser Menschen gehörte zu einer Gemeinde, aber 115 dieser Paare konnte Roland für den Herrn gewinnen. 40 Paare, die sich hatten scheiden lassen, versöhnten sich und ließen sich von Pastor Buck neu trauen.

Oft schickten ihm Anwälte, Ärzte und sogar das Gesundheitsamt Menschen, denen sie nicht weiterhelfen konnten. Während einer Vorstandssitzung seiner Gemeinde erhielt er einmal einen dringenden Anruf aus dem örtlichen Krankenhaus. Man bat ihn, sofort zu kommen. Er antwortete: „Im Augenblick kann ich nicht, wir haben gerade Vorstandssitzung." Die Stimme am anderen Ende der Leitung sagte aber noch dringlicher: „Kommen Sie doch bitte sofort. Einer unserer Patienten ist durchgedreht. Sie können sicher mithören, wie er tobt. Als der Psychologe ihn behandeln wollte, schlug er ihm auf die Nase. Kommen Sie doch, Sie können diesem Mann sicher helfen!"

Roland entschuldigte sich und fuhr hin. Als er den Raum betrat, wo sich der Patient befand, hörte das Toben sofort auf. Später sagte Roland: „Es war, als hätte man bei einem Plattenspieler den Stecker herausgezogen." Er hat nicht besonders für den Mann gebetet und hat den finsteren Mächten auch nicht besonders geboten, doch wurde der Patient gleich ruhig und konnte bald wieder normal denken. Es ist in Rolands Dienst oft vorgekommen, daß kranke Menschen eine sofortige Heilung empfingen und Geisteskranke wiederhergestellt wurden. Roland Bucks Dienst war in jeder Hinsicht einzigartig und voll übernatürlicher Kraft. Er pflegte eine sehr enge Beziehung zu Gott und glaubte Ihm von ganzem Herzen. Darum konnte Gott seinen Dienst bestätigen.

Dabei blieb Roland immer sehr nüchtern, sehr praktisch. Er nahm sich Zeit für seine Familie. Er interessierte sich für alles, was in der Welt um ihn herum passierte. Auf keinen Fall könnte man ihn einen Mystiker nennen; Träume und Visionen hatte er normalerweise auch nicht. Er war auch ein begeisterter Sportler, sein Sohn wurde sogar zum Football-Star.

Eines Tages wurde Roland von einer Frau aufgesucht, die große Probleme in ihrer Ehe hatte. Sie sagte, sie habe die Beziehung zu ihrem Mann fast ganz verloren, seitdem sie Christ geworden sei. Sie habe keine Lust mehr, mit ihm auszugehen, und finde nichts mehr, worüber sie sich mit ihm unterhalten könne. „Ich schlage meine Bibel an guten Stellen auf und lasse sie dann liegen, wo er immer sitzt. Oder manchmal lasse ich Zeitschriften oder Traktate so liegen, daß er sie nicht übersehen kann. Hoffentlich liest er sie auch. Aber mir kommt es so vor, als wolle er sich die ganze Zeit im Fernsehen Football anschauen. Ich verachte dieses Spiel und nehme dann immer meine Bibel und lese darin." Daraufhin sagte ihr Roland: „Solange Sie den Herrn kennen, haben Sie Ihren Geist so gut ernährt, daß er ganz fett geworden ist. Aber Ihre Seele ist am Verhungern. Das will heißen: Ihr Verhältnis zur Welt und zu anderen Menschen hat darunter gelitten. Gehen Sie nach Hause, legen Sie all die Bibeln und Zeitschriften beiseite. Kochen Sie Ihrem Mann alle seine Lieblingsspeisen, und lernen Sie so schnell wie möglich alles über Football. Begeistern Sie sich für dieses Spiel! Dann können Sie sich mit Ihrem Mann hinsetzen und sich an der Sportschau erfreuen!"

Die Frau folgte Rolands Rat. Der Mann hatte eine ganz neue Frau. Kurze Zeit darauf entschloß er sich, diesen Pastor zu besuchen, der seine Frau so positiv verändert hatte. Während des Gespräches hat sich der Mann bekehrt.

Roland hat nie darum gebeten, den Thronsaal zu besuchen oder

Engelerscheinungen zu erleben. Als diese Dinge passierten, hat es ihn sehr überrascht. Sie werden auch überrascht sein, wenn Sie dieses Buch lesen. Aber man sollte es eigentlich nicht für ungewöhnlich halten, daß Engel heute erscheinen. In der Bibel haben wir viele Berichte über solche Engelerscheinungen: bei Abraham, Hagar, Lot, Josua, David, Zacharias, Joseph, Petrus, Paulus u. a. m. Das Wichtigste am Buch sind jedoch nicht die Engelerscheinungen, vielmehr sind es die Botschaften, die die Engel mitgeteilt haben. Diese Wahrheiten entstammen alle direkt dem Worte Gottes und werden Ihren Glauben unwahrscheinlich stärken. Diese Botschaften stellen die Kreuzestat Jesu in den Mittelpunkt und wurden bisher Tausenden und Abertausenden von Menschen zum großen Segen. Die Engel versprachen ja, den Botschaften Flügel zu verleihen, und sie haben ihr Wort gehalten. In den Vereinigten Staaten stand dieses Buch für etliche Monate an der Spitze der christlichen Bestsellerliste.

Die Kassetten mit Pastor Bucks Predigten sind immer wieder neu produziert worden. Zu Tausenden werden sie in alle Welt geschickt, um Gottes Volk zu ermutigen und den Menschen überall die Liebe Gottes zu bringen *. Ich möchte Ihnen dieses Buch weiterempfehlen. Lesen Sie es mit offenem Herzen. Auch Sie werden dazu inspiriert werden, den Namen des Herrn anzurufen und Ihm wie nie zuvor zu dienen.

Paul Williscroft
(Roland Bucks Schwager)

Am 4. November 1979 saß Roland Buck in seinem Studierzimmer im Christlichen Zentrum in Boise. Er hatte gerade eine Frau zum Herrn geführt. Er ermutigte sie, zum Herrn aufzuschauen, ein fröhliches Gesicht aufzusetzen und Jesus anzubeten. Während die Frau ihm gehorchte, legte er seinen Kopf auf den Schreibtisch und ging zum Herrn. Gesundheitlich ging es ihm außerordentlich gut, aber seine Zeit war einfach gekommen. Der Herr hat ihn genommen.

Die Gemeinde in Boise steht seitdem unter der Führung seines Sohnes Ted und seiner Frau Charmian. Die Gemeinde wächst immer noch schnell. Jeden Sonntag morgen werden drei Gottesdienste abgehalten, und man plant, ein neues, größeres Gebäude zu errichten.

* Solche Kassetten von Pastor Buck können auch in Deutschland erworben werden, und zwar in deutscher sowie englischer Sprache. Schreiben Sie an: Leuchter-Verlag eG, Postfach 1161, 6106 Erzhausen.

Kapitel 1

Begegnung

Die Fragen, die man mir wahrscheinlich am meisten stellt, sind:

„Wie kam es, daß Gott gerade Sie auserwählt hat?"

„War es die Folge eines großen geistlichen Hungers Ihrerseits?"

„Haben Sie viel gebetet und gefastet?"

Ich muß ganz ehrlich antworten: „Ich weiß es nicht! Ich habe auf diesen Gebieten viel zu wenig getan."

Die Besuche von Engelwesen, die während der letzten zwei Jahre bei mir stattgefunden haben, haben mich mehr gepackt als alle anderen Ereignisse in meinem bisherigen Leben.

Gott hat mir sehr klargemacht, daß ich das Geschehene weitergeben soll. Darum möchte ich hier all das berichten, was ich sah und erlebte, und die Botschaften niederschreiben.

In dieser Zeit vor der Wiederkehr unseres Herrn zeigt uns Gott in noch nie dagewesener Weise biblische Wahrheiten. Im Leben aller Diener Gottes, die mit dem Heiligen Geist erfüllt sind, gibt es Offenbarungen. Gerade diesbezüglich ließ mir Gott Johannes 16, 12—13 aufgehen: „Ich habe euch noch viel zu sagen; aber ihr könnt es jetzt nicht ertragen. Wenn aber jener, der Geist der Wahrheit, kommen wird, wird Er euch in alle Wahrheit führen. Denn Er wird nicht aus sich selbst reden; sondern was Er hören wird, wird Er reden, und was zukünftig ist, wird Er euch verkündigen." Diese Worte wurden von Jesus selbst gesprochen.

Diese Botschaften und Begegnungen habe ich mit meinem eigenen, begrenzten, menschlichen Verstand aufgeschrieben. Dabei habe ich mich vielfach auf das bezogen, was die Engel sagten, aber ohne die Absicht, sie wörtlich zu zitieren — außer da, wo ich dies ausdrücklich erwähne. Wenn man bedenkt, daß ich mich etwa 50 Stunden lang mit den Engeln unterhielt und den Inhalt dieser Gespräche mit eigenen Worten in diesem Buch wiedergebe, so muß klar sein, daß ich die Wahrheiten nur in dem Maße mitteilen kann, wie ich sie selber verstehe. Dem Worte Gottes habe ich weder etwas hinzugefügt noch etwas hinweggenommen; aber der Geist hat meine Augen für Dinge geöffnet, die ich vorher nie erkannt habe. Er offenbart ja Seine Wahrheit jedem Christen, der im Wort forscht.

Der Geist benutzt verschiedene Mittel, um uns zu dienen: die Bibel, die Umstände, andere Christen — und Engel. In vielfacher Weise spricht Er direkt zu uns: durch Träume, Gesichte und Geistesgaben. Aber immer ist es derselbe Heilige Geist, der zu uns spricht. „Wir verkündigen die geheimnisvolle Weisheit Gottes, die verborgen ist; ... Uns aber hat Gott es offenbart durch Seinen Geist; denn der Geist erforscht alle Dinge, auch die Tiefen der Gottheit" (1. Korinther 2, 7.10).

Paulus empfing auch Botschaften von Gott, denn er schrieb: „Dennoch verkündigen wir Weisheit unter den Vollkommenen; nicht eine Weisheit dieser Welt, auch nicht der Herrscher dieser Welt, die vergehen" (1. Korinther 2, 6). Preis sei Gott, Er redet heute immer noch zu uns!

Ich weiß, daß es riskant sein kann, über solche außergewöhnlichen Erlebnisse zu sprechen. Meine erste Reaktion war es, die Botschaft von dem Engel nicht weiterzugeben. Ich legte viel Wert auf meine Glaubwürdigkeit und wollte sie nicht verlieren. Wie Sie hier lesen werden, half mir Gott, umzusinnen.

Einige Leute fragen, welche Ergebnisse diese Botschaften mit sich brachten. Ich brauche kaum zu sagen, daß ich die Folgen nicht ermessen kann. Und doch gibt es Beweise genug, daß der Heilige Geist Seiner Verheißung treu geblieben ist und diesen Botschaften gleichsam Flügel verliehen hat, so daß sie in Form von Kassettenbotschaften um die ganze Welt gegangen sind. Menschen in allen Teilen der Welt sind durch diese erquickenden Wahrheiten aus dem Herzen Gottes befreit worden. Tausende haben Christus angenommen. Tausende von Christen, die ihren Glauben aufgeben wollten, sind innerlich zurechtgebracht worden. Eine Anzahl Pastoren, die ich persönlich kenne, waren so entmutigt, daß sie ihren Dienst aufgegeben hatten. Dadurch, daß sie neue Hoffnung fanden, sind sie zu ihrem Dienst zurückgekehrt. Als der Geist, der diese Botschaften begleitet, die Worte lebendig machte, wurde überall eine Tür für gläubige Menschen aufgetan. Bis zur Zeit der Niederschrift hat es 16 einzelne Engelbesuche gegeben. Sie kommen oft — alle zwei bis drei Wochen —, doch könnte ich mich nie daran gewöhnen. Jeder Besuch erfüllt mich mit einem Gefühl der Heiligkeit und der Ehrfurcht. Jedesmal, wenn ich die Engel sehe, denke ich an den ewigen und unwandelbaren Gott, der sie sandte. Er ist uns so nahe; und Er kümmert sich intensiv um uns persönlich und um unsere Familien.

Als die Engel kamen, brachten sie jedesmal eine Botschaft von Gott für die Welt mit. Sollte ich den Inhalt dieser Botschaften zusammenfassen, so müßte ich sagen: „Ihr liegt Mir am Herzen!"

Ich möchte Sie ermutigen, während der Lektüre nicht die Begegnungen mit Engeln, sondern die Botschaft im Mittelpunkt zu sehen. Wie wichtig müssen diese Botschaften sein, wenn Gott sie durch „Sonderbotschafter" übermittelt. Nach den Engelbesuchen predigte ich die Botschaften in meiner Gemeinde. Sie sind keine wortwörtlichen Engelzitate, sondern eine Weitergabe von Botschaften, die mir lebendig wurden.

Es wird Sie vielleicht interessieren zu wissen, daß die Engel jedesmal zwei bis vier Stunden geblieben sind, doch wurde niemals ein Vers aus der Bibel zitiert. Vielmehr wurde mir die Wahrheit klar, während eine Art lebendiges Panorama an meinen Augen vorüberzog. Manchmal schien ich in dem zu leben, was ich sah. Nicht ein einziges Mal sind die Engel fortgegangen, ohne mir entsprechende Bibelstellen zu sagen, wo ich die Botschaften nachschlagen konnte.

Das Wesen dieses Buches könnte einige Leute dazu veranlassen, Gründe für Zweifel an der Echtheit der Botschaft zu suchen. Aber sie sollten eher nach den Gründen fragen, warum Gott diese Botschaften überhaupt sandte! Das Buch könnte den traditionellen Glauben einiger Leute in Frage stellen. Das muß man verstehen. Gott hat einfach gezeigt, wie sich die Dinge in Wirklichkeit verhalten. Damit wollte Er kein theologisches System oder bereits festgelegte Standpunkte unterstützen; vielmehr wollte Er seine tiefe Liebe zu einer Welt offenbaren, die zwar verloren war, aber als Folge des Leidens Jesu wieder gefunden worden ist.

Die Fragen, die man mir wahrscheinlich am meisten stellt, sind: „Wie kam es, daß Gott gerade Sie auserwählt hat?" „War es die Folge eines großen geistlichen Hungers Ihrerseits?" „Haben Sie viel gebetet und gefastet?" Ich muß ganz ehrlich antworten: „Ich weiß es nicht! Ich habe auf diesen Gebieten viel zu wenig getan."

Die Tätigkeit der Engel wird Sie faszinieren. Aber Gott sandte durch Gabriel eine Warnung: „Sucht nicht Engelerscheinungen. Sucht Jesus! Er ist viel größer als alle Engel!"

Kapitel 2

Gute Nachricht für Sie und Ihre Familie

Wußten Sie schon...
daß alle Mitglieder Ihrer Familie in Gottes Gunst stehen, wenn auch nur eines davon für Gott lebt?
daß ein großes Engelheer den Auftrag bekommen hat, diese begünstigten Menschen zu Gott zu führen?
daß die Engel Anweisungen haben, auf keinerlei Einwände einzugehen, sondern die Menschen zu einem Punkt zu bringen, wo sie sich entscheiden können?
daß die Engel noch einmal von vorne anfangen, wenn sich jemand falsch entschieden hat?

Am 18. Juni 1978 ging ich zur üblichen Zeit ins Bett, ohne zu ahnen, daß sich etwas Lebensveränderndes ereignen würde.

Um etwa 3 Uhr morgens wurde ich dadurch geweckt, daß mich jemand bei den Armen nahm und mich im Bett aufrichtete. Das Zimmer lag im Dunkeln, denn die Gardinen waren zu, aber genügend Licht gelangte von draußen herein, so daß ich die Umrisse eines riesigen Wesens erkennen konnte.

Ich war mehr als erschrocken, denn das Wesen war so stark, daß ich mich nicht aus seinen Händen befreien konnte. Ich mußte mich jedoch nicht sehr lange fürchten, denn die Gegenwart Gottes wurde mir sehr bald bewußt. Nach kurzer Zeit erkannte ich, daß dieses himmlische Wesen ein Engel von Gott war. Er bestätigte dies, ließ meine Schultern los und sagte, ich brauche mich nicht zu fürchten. Dann erzählte er mir, Gott habe ihn gesandt, weil die Gebete des Volkes Gottes erhört worden seien. Er solle die Botschaft überbringen, daß diese Gebete nicht nur *ge*hört, sondern *er*hört worden seien. Halleluja! Es war kein Traum, auch keine Vision, sondern die absolute Wirklichkeit!

Während wir uns weiter unterhielten, sprach er so laut, daß ich meinte, er würde bestimmt meine Frau wecken, die neben mir schlief. Aber das geschah leider nicht

Wenn sich unser Hund Queenie ab und zu einsam fühlt, kommt er zu uns ins Zimmer und schläft neben dem Bett. In jener Nacht war er auch gekommen, und nun interessierte er sich für alles, was der Engel zu sagen hatte. Er stand direkt neben mir, und ich merkte deutlich, wie er seinen Kopf hin- und herwandte, als er bald dem Engel, bald mir zuhörte. Es war ja ein ungewöhnlicher Besucher!

Das hört sich alles sehr seltsam an. Ich kann mir gut vorstellen, daß einige Leute meine Glaubwürdigkeit in Frage stellen werden. Aber das ist unwichtig. Gottes Botschaft ist viel wichtiger! Er wollte, daß ich Seine Botschaft an die Welt weitergebe!

Dieses einzigartige Gespräch dauerte zwei Stunden, denn der Engel teilte mir herrliche Wahrheiten aus dem Worte Gottes mit. Er unterhielt sich mit mir über die Entwicklung von Gottes Plan für die ganze Welt und zeigte mir, mit welch heißer Liebe Gott sich um Sein Volk sorgt! Ja, Gott liebt die Menschen sehr; für sie interessiert Er sich viel mehr als für irgendwelche Methoden. Er *liebt* die Menschen!

Der Engel gab mir vielerlei verschiedene Informationen, aber der Herr zeigte mir einen gewissen roten Faden im Ganzen. Ich wußte zuerst nicht, wie ich diese Botschaft weitergeben sollte, bis eines Nachts, drei Wochen später, der Engel wiederkehrte, um mir noch mehr von Gottes kostbaren Wahrheiten zu denselben Themen mitzuteilen. Ich hätte so gern erkannt, wie das Wesen aussah, aber in unserem finsteren Schlafzimmer konnte ich nur den Umriß dieses himmlischen Wesens ausmachen.

Am Morgen nach dem zweiten Besuch fragte mich meine Frau, ob wir wieder während der Nacht einen Besucher gehabt hätten. Sie hätte zwar nichts gehört, jedoch verspüre sie die echte Wärme der Gegenwart Gottes, die den Raum erfüllte.

Es erfüllt mich mit Ehrfurcht, wenn ich daran denke, daß Gott besondere Botschafter mit himmlischen Worten ausgesandt hat. Es stellt für mich eine ungeheure Verantwortung dar, dieses weiterzusagen. Wir leben in einer wunderbaren Zeit. Auf der ganzen Erde findet eine große Erweckung statt. Aber parallel zur großen Geistesbewegung wird das Werk Gottes erneut vom Feind angegriffen.

Um Gott zu schaden — in dem Versuch, Ihn zu verletzen —, greifen die satanischen Mächte die Familie an. Die Familie ist der beste Ausdruck des Herzens Gottes auf Erden. Aber in vielen Familien gibt es Nöte, und die Familienglieder verstehen nicht, woher sie kommen. Dieser Angriff hat jedoch mehr als nur die Familie zum Ziel; denn die Aktivität Satans nimmt immer dann zu, wenn mit einem neuen Kapitel in Gottes großem Buch angefangen werden soll. Die Feinde Gottes verfolgen damit eine Strategie, die vor sehr langer Zeit erfunden wurde.

Während unseres Gspräches über die satanischen Angriffe machte mich der Engel auf die früheren Kampfmethoden des Feindes aufmerksam. Als der Plan Gottes für die Befreiung der Kinder Israels aus Ägypten anfing, sich zu entfalten, wurde ein kleines Kind mit Namen Mose geboren. Seine Mutter hatte erkannt, daß er zu einem besonderen Dienst berufen war. Aber Satan versuchte, gegen Gottes Plan anzukämpfen.

Satan wußte nämlich nicht, wen Gott auserwählt hatte; darum legte er es ins Herz des Königs, jedes Kind unter einem gewissen Alter töten zu lassen — damit er ganz sicher das eine Kind umbringen würde, das die entscheidende Rolle bei der Entfaltung des göttlichen Planes spielen sollte.

Etwas Ähnliches geschah, als Israel in Gefangenschaft war. Der Feind wußte, daß die Zeit der großen Befreiung Israels fast gekommen war, und darum wirkte er im Herzen eines Mannes namens Haman. Ein Gesetz wurde erlassen, daß alle Juden umgebracht werden sollten. Noch einmal versuchte der Feind, Gottes Plan zu verhindern — doch ohne Erfolg!

Als Jesus geboren wurde, fing das größte Kapitel aller Zeiten an, sich zu entfalten. Noch einmal sagten die satanischen Mächte: „Wir müssen Ihn umbringen. Er ist Gottes eigener Sohn. Diesen Befreier müssen wir stoppen, aber wir wissen nicht, wo Er ist." Dann fragten sie: „Wo ist Er? Wo wird Er geboren?"

Wenn Satan Gedanken lesen könnte, hätte er nur zu den Hirten oder zu den Weisen aus dem Morgenland zu gehen brauchen und ihre Gedanken lesen! Aber sie haben das Geheimnis nicht verraten! Doch entdeckte Satan die ungefähre Gegend, und so fing er an zu wirken. Noch einmal wurden alle Kleinkinder umgebracht. Aber Jesus war nicht darunter!

In unseren Tagen entfaltet sich ein schönes neues Kapitel des Planes, denn Gott will das Familienleben auf Erden in Ordnung bringen. Er läßt die Familien wissen, daß Sein Heilsplan, der schon vor vielen Jahren in Kraft trat, nicht nur für Einzelpersonen da ist. Gott hat einen besonderen Platz für ganze Familien, obwohl jedes einzelne Familienglied die Wiedergeburt erlebt haben muß.

Ich dachte bei mir selbst: „Das ist eine seltsame Theologie!" Dann entdeckte ich aber, daß diese Ideen bei Gott ihren Ursprung hatten. Im Plan der Stiftshütte, den Gott Mose gab, war bereits alles enthalten. Der Engel machte mich darauf aufmerksam, daß jedes Familienoberhaupt und jede Familie am Eingang der Stiftshütte mit vertreten war; die silbernen „Füße", die den Vorhang des Tempels stützten, wurden aus dem Sühnegeld gemacht. Jeder Mann opferte jeweils einen halben Silbersekel als Sühnegeld für seine Seele. Diese Opfergaben wurden geschmolzen und daraus die „Füße" gegossen. Somit hingen die Tore praktisch an der Tatsache, daß Gott *alle* in Seinen Plan mit eingeschlossen hat.

Dieser Erlösungsplan für die Familien war so wichtig vor Gott, daß Er jedes Jahr von jeder Familie ein Gedenkopfer von einem halben Sekel forderte, damit sie ihn nicht vergessen würden. Dies wird im 2. Mose 30, 12—16 und 38, 25—28 beschrieben.

Erinnern Sie sich an das, was geschah, als Rahab die Kundschafter rettete, die nach Jericho gekommen waren? Aus einer Inspiration Gottes heraus sagten sie: „Rahab, rufe deine Familie hierher ins Haus, dann werden alle gerettet." Gott wirkte also durch diese eine Person, mit der Er Verbindung hatte, in diese Familie hinein. Rahab holte alle Familienangehörigen ins Haus, und alle wurden gerettet, denn Gott hatte die ganze Familie lieb!

Gott macht für ganze Familien Pläne! Die guten Beziehungen, die zwischen Familiengliedern bestehen, sind ewig. Sie werden im Himmel eine Freude erleben, von der sie nie träumten! Immer wieder sagte mir Gabriel, wie hoch Gott die Familie einschätzt. Wir sollten Gott in dieser Sache vertrauen, auch wenn wir nicht verstehen können, wie Er die familiären Beziehungen im Himmel aufrechterhalten kann. „Wie unbegreiflich sind Seine Entscheidungen und unerforschlich Seine Wege!" (Römer 11, 33).

Der Feind möchte Gottes Plan vernichten, indem er sein schweres Geschütz auf das Familienleben richtet. Ehemänner sollen ihre Liebe zu ihren Frauen verlieren; Unruhe soll gesät werden; Familien sollen auseinandergerissen werden; Kinder und Eltern sollen einander hassen. Aber Gott sagt, daß der Teufel keinen Erfolg haben wird!

Es beeindruckte mich sehr, als der Engel mir erzählte, daß Gott immer einen Zweitplan bereithält. Gottes Werk wird vollendet, auch wenn Er jemand anders benutzen muß, um es auszuführen. Oder auch wenn Er es allein tun muß!

All dies wird in der Geschichte der Esther so wunderbar deutlich. Mardochai kam zu ihr und weissagte, daß Gott sie zu dieser besonderen Zeit am Königshofe haben wollte, um einen Auftrag zu erledigen. Esther hatte die Möglichkeit, sich zu entscheiden, ob sie diesem Auftrag nachkommen wollte oder nicht. Ihr Einverständnis würde ihr reichen Segen bringen. Aber sie durfte sicher sein: Wenn sie sich entscheiden würde, nicht mitzumachen, so würde Gott Sein Volk trotzdem erlösen (Esther 4, 14). Gottes Plan wird immer in Erfüllung gehen; wenn nötig, läßt Er die Befreiung aus einer anderen Richtung kommen als ursprünglich geplant. Aber versagen wird Gott nie!

Gott ließ mich wissen, daß die von Ihm beschlossenen Ereignisse geschehen *müssen.* Wenn Er etwas beschließt, wird eine Kraft freigesetzt, die nicht aufgehalten werden kann. Es *muß so geschehen!* Die Menschen, die in Seinen Plänen mit einbezogen sind, können sich dafür oder dagegen entscheiden. Die Ereignisse hat Gott vorherbestimmt, die Menschen jedoch nicht. Er sagte: „Wenn du Mir die Hand gibst, bekommst du dafür Freude und Glück. Ich habe dich zu Meinem Partner in dem großen Werk *vorherbestimmt,* das Ich vollbringen will. Aber Ich zwinge dich nicht dazu."

Gott ist am Werk, und ebenso der Feind. Diese beiden Kräfte stehen einander entgegen. Jedoch hat Gott jetzt schon bestimmt, daß Er als Sieger hervorgehen wird!

Viele Christen beten für ihre unbekehrten Familienangehörigen. Als der Engel mir die Botschaft übermittelte, daß diese Gebete schon erhört wurden, ging mir der Gedanke durch den Kopf: „Heißt das wohl, daß sie alle schon gerettet sind?" „Nein. Gott wird ihr Recht auf eine freie Entscheidung nicht aufheben; das hat Er den Menschen geschenkt. Aber Er wird alles Notwendige tun, um diese Menschen zu dem Punkt zu bringen, wo es ihnen leicht fällt, sich für Ihn zu entscheiden.“

Einige Leute meinen: „Es ist gut, wenn wir es den Ungläubigen möglichst schwer machen, zu Gott zu kommen. Dann werden sie das Privileg richtig schätzen!“ So ist Gott aber nicht! Er möchte, daß es den Menschen wirklich leicht gemacht wird, zu Ihm zu kommen! — Schwer soll es nur sein, von Ihm wieder abzufallen! Gott sehnt sich danach, sie zu sich zu ziehen. Er hat sie lieb! Er ist nicht auf der Suche nach einem Grund, sie in die Hölle zu schicken. Er sucht vielmehr nach Gründen, sie bei sich zu behalten.

Weil Gott gesagt hat, daß ihre Gebete schon erhört sind, können sie sofort mit dem Beten aufhören — solange sie ihre Lieben schon einmal ernsthaft und im Glauben vor Gott gebracht haben. Sie können anfangen, Gott zu loben! Er ist am Werk. Er hat Kräfte freigesetzt, die solche Umstände herbeiführen werden, daß es diesen Menschen sehr schwerfallen wird, Gott den Rücken zu kehren.

Der Engel sagte noch: „Ich bin zur Zeit Führer eines großen Engelheeres. Dieses hat die Aufgabe, die Bahn freizumachen, die Feinde zu zerstreuen, die Barrieren wegzuräumen und die Menschen wissen zu lassen, daß sich Gottes Herz für sie erwärmt.“

Er zeigte mir noch viele kostbare Wahrheiten. Bei gerade diesem Besuch habe ich erkannt, daß es dieser Engel war, der damals dem Zacharias mit der Botschaft erschien: „Denn dein Gebet ist erhört“ (Lukas 1, 13).

Diese Botschaft, die Gott mir durch den Engel gab, war eine kleine Widerspiegelung dessen, was in Gottes Herzen vor sich geht. Sie gab einen Einblick in das, was Gott heute tut. Der Engel sagte, Gott sei heute daran interessiert, Familien zusammenzuführen. Sie sollen ihm wohlgefallen, und Er will sie segnen. Es sei Sein Wunsch, die Kommunikation zwischen Eltern und Kindern wiederherzustellen und Barrieren von Haß abzubrechen, damit die Generationen einander liebhaben und ein gutes Verhältnis zueinander pflegen können.

Gott bewies sein starkes Interesse für die Familie, indem Er die Familie vor der Gemeinde schuf. In der Familie möchte Er dieselbe wunderbare Einheit vorfinden, die man normalerweise nur in der Gemeinde erwartet.

Weiter sagte der Engel: „Die Väter sollen die Nöte ihrer Familien erkennen. Die Kinder sollen wissen, daß sie zu Hause einen starken Arm haben, an den sie sich anlehnen können, wenn sie der Feind angreift. Die Herzen der Mütter sollen offen sein und voller Mitgefühl für ihre Kinder.“ Ich war mir schon vorher bewußt, daß sich Gott für Familien interessiert. Aber es wurde mir noch klarer, als es mir ein Engel sagte!

Er betonte auch, daß es Gottes Absicht und Sein besonderer Wunsch sei, rebellische Kinder zu erreichen. Er möchte das Herz der Väter und der Mütter zu den Kindern bekehren. „Ich will die rebellischen und die ungehorsamen Kinder nehmen und sie dazu bringen, die Tiefe Meiner Vergebung zu erkennen. Sie sollen wissen: Wenn sie Mir gehorchen, dann gibt es keine einzige Sünde aus ihrer Vergangenheit, die im Himmel gegen sie sprechen könnte. Wenn Ich vergebe, dann vergesse Ich nicht nur, was Ich vergab, sondern Ich vergesse auch, *daß* Ich vergab!“

Wenn Sie das nächste Mal zu Gott kommen und sagen: „Gott, es tut mir leid, daß ich wegen dieser Sache schon wieder da bin, denn ich weiß, daß Du mir dies schon 20mal vergeben hast, aber bitte, vergib mir noch einmal!“, dann wird Gott Sie anschauen und sagen: „Wovon redest du denn? Ich führe nicht Buch über solche Sachen. Hierfür habe Ich kein Gedächtnis. Es könnte genausogut das erste Mal sein!“ Wußten Sie schon, daß es diese Art von Vergebung bei Gott gibt?

Ich habe schon so viele Predigten darüber gehört, wie kostbar es ist, daß Gott die Frommen rechtfertigt. Und das ist bestimmt wunderbar. Aber Gott selbst geht einen Schritt weiter und sagt: „Ich will, daß ihr die Botschaft hinausposaunt: Ich rechtfertige den *Gottlosen*“ (Römer 4, 5).

Das Wort Rechtfertigung bedeutet: „Als hätten wir nie gesündigt.“ Gott sagte: „Wegen der Fallen und der Angriffe des Teufels möchte Ich, daß Mein Volk erkennt, wie vollkommen ihre Rechtfertigung ist. Ich will in ihrem Verstand und in ihrem Herzen wohnen. Es soll ihnen gut gehen. Sie sollen in Mein Antlitz schauen können, ohne sich zu schämen und den Kopf hängen zu lassen. Wenn Ich Mein Volk ansehe, sehe Ich Familienglieder erster Klasse!“

Diese Botschaft könne ich im Lukasevangelium, Kapitel 1, 17, in Kurzform wiederfinden. Damals wurde auch ein neues Kapitel in Gottes Plan offenbart. Ich holte meine Bibel, um nachzuprüfen, ob das wirklich so steht. Und genauso steht es da. Ein Engel spricht dort von Johannes dem Täufer und der Geistessalbung, die ihm zuteil werden sollte. Johannes sollte hinausgehen und Gottes Werk tun. „Er wird in Elias Geist und Kraft vor Ihm hergehen, um die Herzen der Väter zu den Kindern zu bekehren und die Ungehorsamen zu der Einsicht der Gerechten, um dem Herrn ein Volk zuzurichten, das für Ihn bereit ist.“ Das Volk sollte erleben, was die Rechtfertigung eigentlich bedeutet. Gott möchte, daß Sie dieses verstehen: Er ist nicht Ihr Feind, sondern Ihr Freund! Ihnen will Er nicht wehtun, sondern Er möchte Ihnen helfen!

Dann erinnerte mich der Engel an etwas, das in der Apostelgeschichte 27, 20 geschrieben steht. Es geht dort um den Schiffbruch des Paulus. Die Stelle hat mich sehr stark angesprochen, als ich sie las. Ein furchtbarer Orkan war aufgekommen, und man hatte keine Aussicht mehr auf Rettung. Die Schiffsmannschaft war schon in Verzweiflung geraten. Aber dann sagte Paulus: „Doch nun ermahne ich euch, unverzagt zu sein; denn keiner von euch wird umkommen, nur das Schiff geht verloren“ (V. 22). Wie hat Paulus das gewußt? „Denn diese Nacht trat der Engel des Gottes, dem ich gehöre und dem ich diene, zu mir und sprach: »Fürchte dich nicht, Paulus, du mußt vor dem Kaiser erscheinen (Gott würde weder durch einen Sturm noch durch etwas anderes seine Pläne verhindern lassen). Und siehe, Gott hat dir alle geschenkt, die mit dir fahren.«“

Allen Eltern möchte Gott das gleiche sagen: „Ich schenke euch alle, die mit euch fahren.“

Dann sagte Paulus weiter: „Darum, liebe Männer, seid unverzagt; denn ich glaube Gott, daß es so geschehen wird, wie es mir gesagt worden ist.“

Es wird alles genauso kommen, wie der Engel es sagte!

Paulus sagte ihnen, sie sollten auf Rettung hoffen. Doch glaubten ihm viele nicht. Sicher dachten einige: „Mensch, dieser Kerl spinnt. Wir sind schon so lange mitten im Orkan!“ Sie hatten schon früher beobachtet, wie vernünftige Männer durch Orkane wahnsinnig wurden. Sie sagten sich: „Wir können den Grund unter dem Schiff spüren. Wir werden bald stranden, denn das ausgeworfene Lot zeigt uns, daß wir schon in ganz flachem Wasser sind.“ Dann taten sie so, als würden sie einige Anker auswerfen. Tatsächlich aber ließen sie das Beiboot ins Wasser hinab und wollten damit entkommen. Doch wurden sie von Paulus gehindert: „Ihr solltet lieber gehorchen. Gott plant, euch zu retten. Aber ihr müßt euch dafür entscheiden." Die Soldaten hieben die Taue ab, und das Beiboot fiel ins Meer.

Gott hatte immer noch einen Plan. Er sandte ein Heer von Engeln, die das Heck des Schiffes abbrachen und zerschmetterten, damit jeder etwas hätte, woran er sich festhalten konnte. Der Engel sagte mir, er habe zu der Zeit eine ganze Engelschar unter sich gehabt. Sie waren dafür verantwortlich, daß alle sicher den Strand erreichten. Alle 276 Geretteten wurden von mächtigen Engeln bewahrt!

Dann fragte ich den Engel: „Das waren doch ziemlich rohe Menschen. Wäre es nicht besser gewesen, wenn sie ertrunken wären? Sie waren doch Gefangene, viele von ihnen Mörder, der Abschaum der Erde!" Nein, das große Wunder geschah, weil Gott retten will! Jesus kam nicht, um die Welt zu verurteilen, sondern damit die Welt durch Ihn das Leben habe!

Ich muß daran denken, wie unwillig ich war, die erste Botschaft weiterzugeben, die mir gebracht wurde. Ich wußte schließlich nicht, wer alles davon erfahren könnte. Wozu mag das alles führen? Ich habe 29 Jahre in meiner Stadt versucht, den Menschen von Christus zu erzählen; mein Dienst wird in der Stadt akzeptiert. An einem einzigen Abend könnte ich mein Lebenswerk zerstören, indem ich von einem Erlebnis berichtete, das die Menschen befremden und abstoßen könnte.

Der Engel hatte mir zwar gesagt, ich solle die Botschaft weitergeben; aber ich konnte das einfach nicht. Ich wartete drei Wochen, und dann hoben mich mitten in der Nacht dieselben starken Hände empor, die mich beim ersten Besuch gepackt hatten, und der Engel sagte: „Du hast die Botschaft nicht weitergegeben!" Ich dachte: Jetzt gibt es Ärger. Widerwillig fragte ich den Engel: „Wenn du schon da bist, laß mich dich den Menschen vorstellen; dann kannst du ihnen selber die Botschaft predigen."

Er gab zur Antwort, daß Gott dies nicht erlaube. Ich müsse schon selber die Botschaft bringen.

Als ich dann diese Botschaft tatsächlich in der Gemeinde weitergab, war ich besonders vorsichtig, denn der Engel war dabei — um sicher zu sein, daß ich auch alles sagte. Er hatte mir nämlich versichert: „Obwohl ich der Gemeinde nicht selber predigen will, sollst du doch wissen, daß ich da bin. Gerade jetzt habe ich ein ganzes Heer von Engeln bei mir.“ Es hat mich sehr angespornt, als ich erkannte, daß Engel im Gottesdienst waren. Dann erzählte er mir, daß an jenem Abend mehr Engel als Menschen anwesend waren. Wie sehr wünsche ich, wir hätten sie sichtbar machen können.

Weil Gott heute so schnell arbeitet, um Seinen Plan rechtzeitig in Erfüllung gehen zu lassen, muß der Satan auch sehr schwer schuften! Er möchte Gottes Handeln verhindern, aber Gott hat gesagt, daß der Teufel keinen Erfolg haben wird.

Im 4. Mose 10, 35 lesen wir, wie Mose, als die Wolke weiterzog und die Bundeslade und das Volk bereit waren aufzubrechen, sagte: „HERR, steh auf! Laß Deine Feinde zerstreut werden!“ Gott hatte ihm gezeigt, wann er das sagen sollte. Viele Feinde lauerten nämlich auf dem Wege. Als Mose das Zeichen gab, fingen die himmlischen Engelheere an zu wirken. Sie flogen über das Gebiet hinaus, wohin Mose und die Israeliten reisen sollten, und entfernten alle Feinde geistlicher sowie physischer Art.

Wußten Sie, daß Sie bei Gott auf einem besonderen Verzeichnis stehen, weil jemand in Ihrer Familie Jesus liebhat und Ihn bittet, Sie zu retten? Auch wenn Sie Ihm Ihr Leben noch nicht ausgeliefert haben, ist eine Schar von Engeln an Ihrer Seite. Denn der Ruf ist schon ausgegangen: „Laß die Feinde zerstreut werden!“ Die Engel arbeiten darauf hin, daß Sie aus dem feindlichen Lager herausfinden und in die Geborgenheit Gottes hineinkommen. Diese Engel schieben alle Hindernisse zur Seite, weil Sie in Gottes Gunst stehen.

Wenn Sie für ein Familienglied gebetet haben, das den Herrn nicht kennt, und wenn Sie diese Person vor Gott auf den Altar gelegt haben, dann hören Sie auf, diesen Menschen zu ärgern! Hören Sie damit auf, ihn anzupredigen! Er wird sowieso genug von den Engeln bearbeitet. Es ist die Aufgabe des Heiligen Geistes, solchen Menschen zu predigen. Und Er macht Seine Arbeit gründlich!

Einer der höheren Engel, die später mit mir redeten, sagte mir, er sei es, der neben Josua stand, als dieser sagte: „Gehörst du zu uns oder zu unseren Feinden?“ Der Engel antwortete sinngemäß: „Beides falsch. Ich bin als Führer einer ganz anderen Armee gekommen, die ihre Befehle nur aus dem Himmel bekommt. Dein Gott, der diese Befehle erteilt, kennt eure Nöte.“

Gerade jetzt ist ein ganzes Engelheer am Werk. Wo auch immer Männer und Frauen ihre Angehörigen ehrlich vor Gott bringen, werden die Namen bei Gott in ein besonderes Verzeichnis eingetragen. Das bedeutet nicht, daß Gott sich nur für diese Familien interessiert, denn Gott möchte alle Menschen erreichen und sie aus allen Lebenslagen zu sich ziehen.

In Psalm 89, 34—38 lesen wir von diesem besonderen Verzeichnis. Gott sagte, daß Er einen ewigen Bund mit uns machen wolle: die beständigen Gnaden Davids. Dann sagt Er uns, wie diese „beständigen Gnaden" aussehen: wenn unsere Kinder von Gott abkommen, werden sie Probleme bekommen. „So will Ich ihre Sünde mit der Rute heimsuchen und ihre Missetat mit Plagen" (Psalm 89, 33).

Sie werden schwierige Zeiten bekommen, doch weil Ich es dir verheißen hatte, will Ich „Meine Gnade nicht von ihm wenden und Meine Treue nicht brechen" (Psalm 89, 34). Gott wird direkt neben ihnen bleiben und sie ermutigen, zu Seiner Familie zurückzukehren.

Ich habe diesen Engel nicht gebeten, sich zu identifizieren oder auszuweisen. Aber er sagte zu mir ohnehin: „Um dir klar zu sagen, daß dieser Besuch echt ist, und um alle Zweifel aus deinem Verstand auszutilgen, möchte ich dir einige Schriftstellen angeben, in denen ich erwähnt bin." Da würde alles klar zu erkennen sein. Als ich die Stellen nachschlug, war der Engel gemeint, der dem Zacharias erschien. Er war auch bei Paulus, als er den Schiffbruch erlitt, er hatte die Feinde des Mose zerstreut, und Josua hatte ihn gesehen.

Heute höre ich noch einmal den Ruf: „HERR, steh auf! Laß Deine Feinde zerstreut werden!" Schon sind die Engel unterwegs zum Handeln!

Als ich diese erste Botschaft in meiner Gemeinde predigte, bekam ich eine Bestätigung von Gott, daß sie wirklich von Ihm war. Jemand machte eine Tonbandaufnahme vom Gottesdienst und gab sie einem Freund weiter. Dieser war aus Kanada zu Besuch. An einem Samstag, nachts um etwa 2 Uhr, erhielten wir einen Telefonanruf. Meine Frau ging an den Apparat, aber sie gab mir gleich den Hörer. „Jemand weint; ich verstehe nicht, was er sagen will." Ich sagte dem Mann, er solle sich beruhigen, sonst könnte ich ihn nicht verstehen. Er meinte dann: „Ich bin hier in Kanada. Jemand brachte mir eine Ihrer Kassettenbotschaften. Eine Gruppe von Freunden entschloß sich, heute abend ein großes Fest zu feiern. Wir wollten alle den Spinner auslachen, der da über Engel reden würde. Wir dachten, es wäre das Lustigste, was wir jemals gehört hätten. Wir gingen zusammen in die Kneipe, holten uns Bier und setzten uns an den Tisch. Wir hatten vor, die Kassette immer wieder abzuspielen und dabei ein richtiges Lachfest zu feiern. Wir meinten, das würde echt Spaß bringen! Dann machten wir den Kassettenrekorder an, aber danach hat keiner mehr getrunken. Nach etwa fünf Minuten hatten schon einige begonnen zu weinen. Dann ging das Heulen bei anderen los. Zusammen waren wir 17 Leute in der Kneipe. Wir hörten uns die Kassette dreimal an, dann meinte jemand: »Was sollen wir tun? Wir müssen etwas tun!«"

Die Männer wußten nicht, was sie machen sollten. Es kam ihnen vor, als wären sie wie betäubt. Schließlich sagte einer: „Wir könnten ihn anrufen, den Pastor." Dann fragten sie bei der Auskunft nach meiner Telefonnummer. Nachdem der Mann mir die Geschichte mit der Kassette erzählt hatte, fragte er immer wieder: „Was sollen wir bloß tun?"

Ich sagte: „Gott hat mit Seinen Engeln diese Kassette begleitet. Er möchte, daß Sie Ihm Ihr Leben ausliefern. Geben Sie Ihm gerade jetzt Ihre Hand!"

Nachdem der Mann am Telefon mit mir gebetet hatte, sagte er: „Mein Leben fängt heute ganz neu an. Ich werde zu den anderen 16 zurückgehen und ihnen sagen, was sie tun sollen. Sie müssen alle ihr Leben an Gott ausliefern." Halleluja!

In der ersten Woche erhielt ich sechs Telefonanrufe, die mir bestätigten, daß die Botschaft von Gott gewesen war. Ich wußte, daß ich sie der ganzen Welt weitergeben mußte. Niemand von den Menschen, die bei mir anriefen, kannte mich. Mit Ausnahme des Mannes aus Kanada hatte auch keiner von ihnen die Kassettenbotschaft gehört.

Ein anderes Mal klingelte früh am Morgen das Telefon. Ein Mann rief aus Wyoming an und sagte: „Ich komme mir wie ein Idiot vor. Ich weiß gar nicht, warum ich bei Ihnen anrufe."

„Ja, warum rufen Sie mich denn mitten in der Nacht an und wecken mich auf?"

„Vielleicht werden Sie mir das jetzt nicht glauben: Ich hörte heute nacht eine laute Stimme, welche sagte: »Ich will, daß du Pastor Buck in Boise, Idaho, anrufst.«" Dann erzählte er mir, wie er zuerst meinte, verrückt geworden zu sein. Er ignorierte den Befehl, aber wenige Minuten später hörte er dieselbe Stimme noch einmal mit großer Vollmacht sagen: ,,Ich will, daß du Pastor Buck in Boise, Idaho, anrufst!"

Das beeindruckte ihn doch so sehr, daß er bei der Auskunft anrief, um zu erfahren, ob es in Boise überhaupt einen Pastor Buck gebe. Dann fuhr er fort: ,,Sie gaben mir Ihre Nummer; also hier bin ich! Ich weiß gar nicht, warum ich bei Ihnen anrufe. Ich gehorche einfach einem Befehl!"

Da erkannte ich, daß die Engel tätig geworden waren!

,,Aber ich weiß jetzt, warum Sie angerufen haben", antwortete ich. Dann führte ich ihn zum Herrn. Danach fragte ich ihn: ,,Gibt es jemanden in Ihrer Familie, irgendeinen Verwandten, der Gott schon kennt?"

,,Ich habe wohl eine »verrückte« Schwester, die jedenfalls meint, Gott zu kennen. Ich habe ihr zwar zugehört, aber ich konnte ihr nie recht glauben."

,,Wegen dieser »verrückten« Schwester stehen Sie in Gottes Gunst. Gott hatte verheißen, Ihnen nachzugehen. Er hat nicht nachgelassen, bis Sie gerettet wurden."

Wir freuten uns besonders, als ein anderer Mann vorbeikam, der Kummer hatte, weil seine Schwester nicht gläubig war. Als er davon erfuhr, daß Gottes Engel dabei sind, solche Menschen zu Dienern des Evangeliums zu führen, ging er auf die Knie und sagte: ,,Herr, ich möchte meine Schwester und meine ganze Familie vor Dich bringen. Ich will Dich preisen für das, was Du an ihnen tun wirst." Noch in derselben Woche fand seine Schwester Jesus als ihren Herrn und Heiland. Jetzt arbeitet Gott an den restlichen Familiengliedern.

Von überall treffen Berichte darüber ein, wie die Engel Menschen dazu bringen, eine Entscheidung für Christus zu treffen. In zunehmendem Maße werden Gottes Botschaft und Sein Heil in der ganzen Welt bekannt.

Immer wieder betonte der Engel die Tatsache, daß diese dienstbaren Geister darauf aus seien, die Menschen zu Dienern des Evangeliums zu führen, die ihnen das Heil verkündigen. Er betonte auch, daß wir, die wir Christen sind, uns vorbereiten müssen, damit wir solchen helfen, die zu uns kommen. Dann sagte er: ,,Du hast die Lehre akzeptiert, daß Jesus die Tür und der Weg ist. Du führst auch Menschen zu dieser Tür. Aber du solltest erkennen, daß du selber eine Tür bist." Als Jesus sagte: ,,Wie Mich der Vater gesandt hat, so sende Ich euch", hat Er uns genauso hinausgeschickt, wie Er gesandt war. So wie Er die Tür zu Gott ist, sind auch wir eine Tür zu Christus.

Jesus sagte: „Wahrlich, wahrlich, Ich sage euch: Wer an Mich glaubt, der wird die Werke, die Ich tue, auch tun, und er wird noch größere als diese tun; denn Ich gehe zum Vater" (Johannes 14, 12). Er hat uns nicht nur den Heiligen Geist, sondern gleichzeitig Seinen Auftrag gegeben!

Jesus war ein menschlicher Kanal für Gott: die Tür, durch welche die Menschen zu Gott kommen können. „Und das Wort wurde Mensch und wohnte unter uns ..." (Johannes 1, 14). Menschen, die in dieser Welt Jesus nicht sehen können, sehen uns! Heute gehen viele Christen hinaus, um eine Tür oder ein Kanal zu werden, wodurch andere Christus als ihren Heiland finden können.

„Ich bin das Licht der Welt", sagte Jesus in Johannes 8, 12; und in Matthäus 5, 14 sagte Er: „Ihr seid das Licht der Welt." Das erklärt die Menschen nicht zu Göttern, denn wir sind nicht Jesus; aber menschliche Türen sind wir — das „Licht der Welt", mit dem Er diese Erde erleuchtet. Er möchte, daß wir die gleiche Vollmacht ausüben wie diese Engel. Wir sollten nicht auf irgendwelche Einwände hören, wenn Menschen zu uns kommen.

Wenn der Geist Menschen zieht und ruft, lehnen sie es oft ab, auf Ihn zu hören, und finden allerlei Einwände. Aber die Engel nehmen keine Notiz davon. Sie haben einen Befehl: die Menschen zu einem Punkt zu bringen, wo sie Jesus entweder annehmen oder ablehnen. Wenn die Menschen dann ablehnen, fangen die Engel immer wieder von vorne an, so wie der Geist es ihnen sagt.

Nicht jeder, der zu Ihnen kommt, wird vom Heiligen Geist gebracht worden sein. Aber Sie sollten empfindsam genug sein, um das aus dem Gespräch herauszuhören. Wir sollten die Entmutigung der Menschen spüren und ihnen dann sagen, daß Engel in ihrem Leben am Werk sind. Die Menschen können die Engel nicht einfach loswerden, indem sie sich abwenden und nicht zuhören. Wenn sie das tun, fangen die Engel mit dem Ganzen noch einmal von vorne an. Engel lassen sich nicht entmutigen, sondern sie erhalten ihre Befehle allein aus dem Himmel. Preis sei Gott dafür!

Wir können im Namen Jesu reden, weil wir Seine Autorität dazu haben. Wenn jemand sagt: „Jesus, ich nehme Dich von ganzem Herzen an", so sollten wir ihn wissen lassen, daß Gott auch ihn angenommen hat. Diese Autorität hat uns Gott durch Jesus Christus gegeben. Wir sind Seine Vertreter! Wir können so etwas überhaupt nur sagen, weil Gott alles, was wir sagen, bestätigen wird — solange es mit Seinem Wort im Einklang steht. „Wen du lösest, den werde Ich auch lösen", spricht der Herr.

Gottes Gute Nachricht für Sie heute lautet so: Gott interessiert sich ganz persönlich für jeden einzelnen und für Familien. Er schickt sogar Engelboten, um solche in Seine Familie hineinzubringen, die Ihm fern sind. Er liebt die Menschen sehr!

Kapitel 3

Engeldienste

Das Licht wurde eingeschaltet, und ich sah zwei der größten Männer, die mir jemals begegnet sind.

Von ihnen ging eine eigenartige Strahlung aus. Beinahe wäre ich zu Boden gefallen, doch wurde ich von der starken Hand eines der mehr als zwei Meter großen Wesen festgehalten. DANN KAM ES MIR SO VOR, ALS SAGTE ES: „ICH HEISSE GABRIEL." Aber das konnte ja nicht sein... Den hatte man seit Jahrhunderten nicht mehr gesehen!

War es eine Halluzination... oder war er wirklich da — BEI MIR ZU HAUSE?!

Aufgrund der inspirierenden Botschaften, die mir die Engel überbrachten, durfte ich einige Wahrheiten kennenlernen, die ich mir durch eigenes Studium nicht hätte aneignen können. Gott hat mir dabei nie zu verstehen gegeben, daß ich versuchen sollte, diese Erkenntnisse mit meiner theologischen Lehrmeinung in Einklang zu bringen. Anscheinend hält Gott nichts von irgendwelchen Lehrmeinungen. Mir sagte Er nur: „So und so ist es."

Die Anwesenheit von Engeln erfüllte mich jedesmal mit Ehrfurcht. Mit Maria wollte ich sagen: „Mit mir geschehe, was du gesagt hast" (Lukas 1, 38). Als Paulus sagte: „Diese Nacht trat der Engel des Gottes, dem ich gehöre und dem ich diene, zu mir" (Apostelgeschichte 27, 23), da wußte er sicher, daß alles so kommen würde, wie der Engel es gesagt hatte. Genauso WEISS ich, daß diese Botschaften ihre Wirkung nicht verfehlen werden, denn sie stammen direkt aus dem Herzen Gottes.

Diese Wahrheiten sind lebendig und echt. Allein die Gegenwart dieser herrlichen Engelwesen, die direkt vom Thron Gottes kamen, ist so erschreckend, daß ich nie eine Person kritisieren könnte, die vor ihnen auf ihr Angesicht fällt! Ich würde nicht einmal diese wenigen Leute in der Bibel kritisieren, die den Wunsch hatten, sie anzubeten, obwohl sie es nicht taten.

Die Engel haben mir vor allem grundsätzliche Wahrheiten aus der Heiligen Schrift neu eröffnet. Dazu gaben sie mir Schriftstellen, die ich in diesem Licht noch nie gesehen hatte. Einfache biblische Prinzipien durfte ich aus der göttlichen Perspektive betrachten. Alles stand so klar in der Bibel; doch hatten die Schuppen, die auf meinen geistlichen Augen waren, mich daran gehindert, es zu erkennen. Aber durch die Offenbarungen wurden schwierige Lehren leicht verständlich. Wie konnte ich diese Dinge so lange übersehen?

Jede Botschaft, die die Engel brachten, machte die Opfertat Jesu groß, denn Engel reden nie vom Plan Gottes, ohne Jesu Kreuzestod zu erwähnen.

Ich habe so viel über diese Dinge nachdenken müssen. Es ist verständlich, daß man nicht die Tür vor einem solchen überwältigenden Erlebnis wie diesem verschließen, es aus seinen Gedanken verweisen und sagen kann: „Nun, das ist es. Ich habe es verstanden. Ich habe dieses Erlebnis gehabt, und nun gehen wir zur Tagesordnung über." Es ist einfach unmöglich, solch gewaltige Erlebnisse zu vergessen; sogar wenn ich mich abends ins Bett lege und die Augen schließe, muß ich an die überwältigende Gegenwart Gottes denken. Seitdem die Engel bei mir waren, bin ich mir zu jeder Zeit bewußt, daß Gott da ist, daß Er lebt und uns nicht vergessen hat!

Gott wirkt in unseren Tagen!

Wenn sich die Engelbesuche auch nie wiederholen würden, könnte mir nichts auf dieser Erde noch im Himmel etwas von dem nehmen, was Gott in meinem Leben getan hat. Gott bereitet die Menschen auf die Wiederkunft Christi vor, indem er sie aus Angst und Bindungen befreit. Er möchte uns die Kraft zum *Sein* und dann die Kraft zum *Tun* geben.

Gott ist so gut, daß Er uns sogar durch Engel die Botschaft Seiner Liebe übermittelt! Natürlich sollten unsere Augen auf die Botschaft selbst gerichtet sein, nicht auf den Überbringer; und doch erfüllt mich der Gedanke an die Engel mit großer Ehrfurcht. Eine andere

Reaktion ist nicht möglich, denn sie kommen direkt aus der Gegenwart Gottes und strahlen Seine Herrlichkeit aus.

Ich wäre gänzlich zufrieden gewesen, wenn nur ein Engelbesuch stattgefunden hätte. So etwas kann das ganze Leben prägen! Doch einige Wochen nach dem ersten Besuch kamen noch einmal Engelwesen zu mir und wiederholten die Botschaft, die mir das erste Mal gegeben worden war. Das sollte auch nicht das letzte Erlebnis dieser Art sein, denn etwa fünf Wochen danach, als ich eines Abends im Bett lag, merkte ich, daß die Treppe mit bläulichem Licht beleuchtet war. Zuerst meinte ich, in irgendeinem Zimmer im Erdgeschoß das Licht angelassen zu haben, darum stand ich auf und wollte nach unten gehen, um es auszumachen.

Als ich dann mitten auf der Treppe stand, wurde das Licht tatsächlich eingeschaltet, und ich sah vor mir zwei der größten Männer, die mir jemals begegnet sind. Ich war überwältigt! Sie strahlten so eine göttliche Kraft aus, die vom Verweilen in der strahlenden Gegenwart Gottes kommt, daß ich nicht mehr aufrecht stehen konnte. Meine Knie sackten unter mir zusammen, und ich begann zu fallen. Dann streckte eines dieser riesigen Wesen die Hand aus und hielt mich fest. Die Kraft kehrte in meinen Körper zurück.

Ganz schlicht sagte mir der Engel, er sei Gabriel. Ich war wie betäubt. Konnte dies der Gabriel sein, von dem ich in der Bibel gelesen hatte? Es ist nicht möglich zu beschreiben, wie mir in dem Augenblick zumute war: Ich konnte nur staunen! Dann stellte er mir den zweiten Engel vor, der ihn begleitete. Er nannte auch seinen Namen. Ich hatte nie daran gedacht, daß alle Engel einen eigenen Namen haben, und — wie ich später entdeckte — daß sie alle verschieden aussehen. Ich fragte Gabriel: „Warum seid ihr beide gekommen?" Er antwortete, daß der Heilige Geist sie gesandt habe. Dann fing er sofort an, mir kostbare Wahrheiten mitzuteilen.

Von der Theologie her wußte ich schon, daß der Heilige Geist überall zugleich ist. Jedoch gewann diese Tatsache für mich neue Bedeutung, als Gabriel mir mitteilte, daß Er die ganze Erde belauscht und alle Signale gleichzeitig aufnimmt. Er hört sogar, wenn ein Vogel zu Boden fällt, egal wo er sein mag. Er hört die leisesten Fußtritte, und sie sind für Ihn wichtig! „Der HERR ist in Seinem heiligen Tempel, des HERRN Thron ist im Himmel. Seine Augen sehen herab. Seine Blicke prüfen die Menschenkinder" (Psalm 11, 4).

Indem der Geist beobachtet hatte, was auf der ganzen Erde geschah, hatte Er ein massives Zusammenrücken satanischer Mächte bemerkt. Diese wollten mich angreifen; deswegen hatte der Geist (der nicht nur Signale aufnimmt, sondern auch Befehle erteilt) angeordnet, daß die Engel nach Boise, Idaho, kommen sollten, um den Feind zurückzuschlagen.

Da machte ich mir Sorgen. Wenn der Feind dabei war, mich anzugreifen, dann sollten die Engel nicht hier im Hause herumstehen, sondern nach draußen gehen und kämpfen! Aber Gabriel versicherte mir: „Diese Aufgabe haben wir schon erledigt!"

Daraufhin fragte ich ihn, ob es üblich sei, daß Engel kommen, wenn jemand um Hilfe ruft. „Nein", antwortete er. „Wenn der Geist warten würde, bis du etwas von einem feindlichen Angriff wüßtest, wäre das schon viel zu spät! Aber es ist nichts Ungewöhnliches, wenn wir den Feind in die Flucht schlagen!"

Dann bat er mich, aus dem Fenster zu schauen. Das tat ich: draußen in der Einfahrt standen etwa 100 Kriegsengel. Sie hatten ihre Arbeit schon fertig und unterhielten sich miteinander. Mir gab es ein recht gutes Gefühl, zu wissen, daß Gott Wege und Mittel hat, Sein Volk zu schützen.

Gabriel redete dann mit mir über den furchtbaren Geist der Gesetzlosigkeit, der heutzutage wie nie zuvor in der Welt wirkt. Hinterlistig versuchen betrügerische Geister, Gottes Volk vom Glauben an den lebendigen Christus abzubringen. Christus möchte für jedes Gotteskind lebendig sein, doch haben einige wegen dieser teuflischen Mächte ihren Blick von Ihm abgewandt. Statt dessen fingen sie an, auf menschliche Lehrer zu schauen, die die Bibel so sehr auseinandernehmen und zerteilen, daß sie ihre Kraft verliert.

Gabriel ermahnte mich: „Lies das Wort, mach' es zu deiner Speise, laß es für dich *lebendiges* Wort sein: die Bibel ist mehr als eine Sammlung von Wahrheiten und mehr als nur menschliche Meinung." Er sagte, daß viele Christus oft nur in der Theorie kennen oder aus Büchern kennengelernt haben, doch möchte Er, daß man Ihn als den Lebendigen kennt. Er will durch die Heilige Schrift für uns lebendig werden. Halleluja!

Mir kam es vor, als sei diese Botschaft besonders wichtig! Dazu meinte der Engel: „Das Studieren hat den Anschein, besonders geistlich zu sein. Doch gibt es Menschen, die zwar immer lernen, aber nie etwas tun. Bis sie sich eine Lehre angeeignet haben, ist das Gelernte überholt, da müssen sie wieder von vorn anfangen." Seine Lösung war einfach: „Macht das Wort zu eurer Speise!" Das wiederholte er: „Macht das Wort zu eurer Speise!" Es reicht nicht, wenn wir das Wort analysieren und auseinandernehmen. Das Wort will für uns *lebendig werden!* Jesus ist *mit* uns und *in* uns: was könnte es Besseres geben?

Gabriel erzählte mir von den verschiedenen Diensten der Engel. Es gibt Lobpreisengel, Anbetungsengel, Dienstengel und kämpfende Engel. Ihr höchstes Ziel aber ist die Verherrlichung des Namens Jesus. Wenn die Engel diesen Namen hören, sei es im Himmel, sei es auf der Erde, da fallen sie nieder und beten Ihn an, der so erhaben ist!

Während sich Gabriel und sein Begleiter eines Nachts mit mir unterhielten, erschien plötzlich ein blauer Lichtstrahl mit einem Durchmesser von etwa 45 Zentimeter. Der Strahl leuchtete von der Decke des Studierzimmers bis zum Fußboden. Als das Licht erschien, fielen beide Engel sofort auf den Fußboden nieder. Mindestens fünf Minuten blieben sie bewegungslos liegen; sie regten sich überhaupt nicht. Da ich nicht wußte, was ich machen sollte, ging ich auf die Knie und betete Gott an. Sie haben mir nie gesagt, was das Licht zu bedeuten hatte, aber dem Apostel Paulus erschien ein helles Licht, als er nach Damaskus unterwegs war. Meiner Meinung nach kann es sich hier auch um eine Erscheinung Jesu in Form eines Lichtstrahls gehandelt haben. Das Erlebnis hat mich zutiefst beeindruckt.

Von unserem menschlichen Standpunkt aus sind einige der Erfahrungen, die ich mit Gott machen durfte, so unglaublich, daß ich oft zögere, bevor ich sie öffentlich weitersage. Doch hier sind einige davon:

Während eines nächtlichen Besuchs sagte mir einmal Gabriel, Gott wolle mir etwas schenken, um mir körperliche Kraft und Energie zu geben. Er überreichte mir eine kleine runde Waffel mit einem Durchmesser von etwa 12 Zentimeter. Sie war etwa anderthalb Zentimeter dick und sah wie Brot aus. Ich sollte sie essen, und das tat ich auch. Sie schmeckte wie Honig. Als ich damit fertig war, bekam ich noch einen Löffel voll von einer Flüssigkeit, die wie Wasser aussah. Ich trank alles, bis auf den letzten Tropfen, und sofort überkam mich ein starkes Verlangen, Gott zu loben und zu preisen. Ströme des Lobpreises ergossen sich vor Gott, sie quollen geradezu aus meinem Innern. Tagelang danach fühlte ich es noch in meinen Adern sprudeln. Das Gefühl war unbeschreiblich erregend und angenehm.

Die Auswirkungen dieses Erlebnisses waren genauso erstaunlich. Am ersten Tag, nachdem ich die Waffel gegessen und das Wasser getrunken hatte, nahm ich 5 Pfund ab. Am zweiten Tag nahm ich nochmals 5 Pfund ab. Und am dritten sowie am vierten Tag nahm ich ebenfalls 5 Pfund ab. Später war es nur noch etwa 1 Pfund jeden Tag. Vorher war ich nämlich zu dick gewesen, aber jetzt ist alles Überflüssige weg! Beim Jogging kam ich vorher sehr schnell in Atemnot; jetzt ist das kein Problem mehr. Ich habe ganz neue Kraft in meinem Körper.

Preis sei Gott für die Bibel, Sein ewiges Wort. Es gibt uns in allen Dingen eine Orientierung. Dort lesen wir unter anderem die Geschichte von Elia, dem, als er schwach und hungrig war, Gott einen Engel schickte. Dieser brachte ihm etwas zu essen, danach lebte er 40 Tage und 40 Nächte ohne Speise. Gottes Wort bestätigt sich heute vielfach dadurch, daß Ähnliches wiederholt vorkommt.

Gott teilte mir ebenfalls durch Gabriel mit, daß alles, was Er verheißen hat, im Buche Gottes im Himmel als schon vollendet gilt. Da ich diese Aussage nicht begreifen konnte, nahm Gabriel den Bleistift, den ich in der Hand hielt, und fertigte eine Skizze von einem Bilderrahmen an. Es folgt eine Abbildung der Skizze, die er auf gelbem Papier anfertigte, während er mir die Sache erklärte.

Alles, was Gott verheißen hat, ist in diesem Bild schon vollendet. „Aber hier ist ein winziger Fleck", sagte er. „Er stellt die Dinge dar, die dir unklar sind. Du verbringst zuviel Zeit damit, diese Dinge anzuschauen. Dadurch wird der kleine Fleck immer größer, bis er den ganzen Rahmen ausfüllt und alles verdeckt, was Gott eigentlich getan hat. Wenn du auf Jesus und nicht auf die Probleme schaust, wirst du das vollendete Bild sehen."

In Jesaja 43, 2 spricht der Herr: „Wenn du durch Wasser gehst, will Ich bei dir sein." Wenn du das Wasser der Trübsal ansiehst, wird es das Bild vor deinen Augen verbergen; aber wenn du auf Jesus schaust, muß das fürchterliche Problem wieder zur Normalgröße zurückkehren. Dann kannst du das ganze Bild mit allen Gottesverheißungen klar erkennen.

Viele Leute fragen mich, ob Gabriel etwas über die Wiederkunft

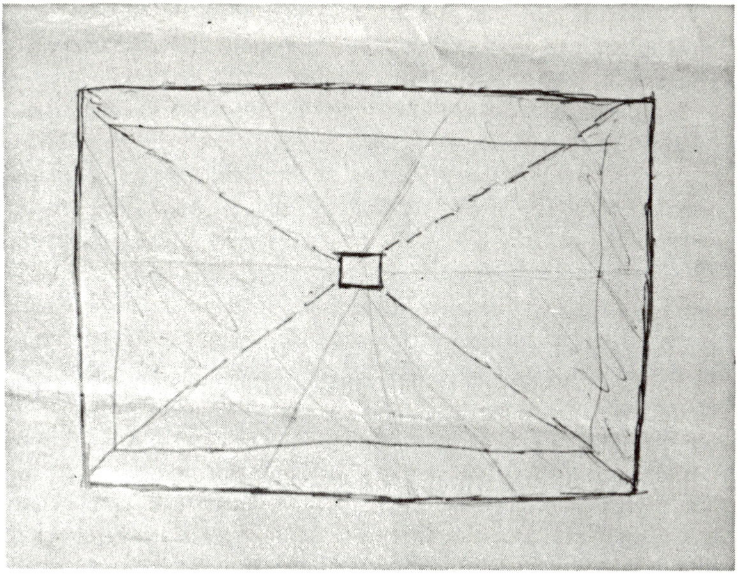

Jesu gesagt habe. Das hat er nicht. Darum habe ich ihn auch gefragt, ob er mir nicht etwas darüber erzählen könne. Seine Antwort lautete: Jesus kommt wieder, aber den genauen Zeitpunkt hält Gott verborgen. Gabriel darf erfahren, wann alles andere geschehen wird, aber dieses eine Ereignis bleibt Gottes Geheimnis. Dann sagte er mir: „Eins kann ich dir erzählen: Seit Jesu erstem Kommen hat es noch nie so viel gespannte Erwartung und Tätigkeit in den Vorhöfen des Himmels gegeben.“ Halleluja!

Die Engel sprachen eine himmlische Sprache untereinander und erhielten ständig Botschaften vom Heiligen Geist. Oft lachten sie und wurden sehr fröhlich, wenn sie solche Botschaften empfingen. Sie feierten offensichtlich große Siege, die gewonnen wurden.

Bei einer Gelegenheit ging Gabriel dann zur Tür und legte die Hand auf die Klinke. Der Geist habe ihn dringend gerufen, er müsse sofort gehen. Er fügte hinzu: „Ich habe den anderen Engel gebeten, solange bei dir zu bleiben. Ich bin gleich wieder zurück.“ Seltsam war: WÄHREND ICH IHM NOCH NACHSCHAUTE, VERSCHWAND ER EINFACH! Es gab keinen Blitz, keinen Lärm, gar nichts. Er verschwand einfach! Ich hatte mich mit einem sehr großen und starken Wesen unterhalten, und im nächsten Augenblick war niemand mehr da! Ich konnte genau sehen, wo er gestanden hatte. Aber er war ganz und gar verschwunden!

Jeder möchte wohl etwas darüber wissen, wie Engel aussehen. Keine zwei Engel sehen gleich aus! Sie erscheinen in allen Größen, haben verschiedene Haarschnitte, und ihre Gesichtszüge sind auch unterschiedlich. Der Engel, der Gabriel begleitet, trägt sein Haar so, wie viele Männer heute. Er sieht aus, als wäre er etwa 25 Jahre alt. Wie schwer er ist, kann ich nicht genau sagen — vielleicht fast 200 Kilo. Er ist nämlich über zwei Meter groß. Er trägt meistens ein braunes Hemd und kleidet sich etwas salopp. Seine Hose ist auch braun und etwas weit. Sein Hemd wird oben von einer Kordel zusammengezogen.

Oft erscheint Gabriel in einem glänzenden weißen Gewand mit einem etwa 12 Zentimeter breiten Gürtel aus Gold. Seine Hose ist weiß, seine bronzefarbenen Schuhe glänzend poliert. Auch sein Haar ist wie aus Gold! Der bläuliche Schimmer, den ich früher bemerkt hatte, läßt sich durch den schillernden Glanz ihrer Kleidung erklären! Sogar ihre Haut strahlte! Die Augen würde man überall wieder erkennen. Sie waren nämlich wie Feuerbälle; doch strahlten sie eine solche Wärme und Barmherzigkeit aus, daß man es spüren konnte. Mir kam es vor, als würden sie mich ganz durchschauen. Da verstand ich, was Johannes auf Patmos erlebte, als Jesus ihm begegnete: „Seine Augen waren wie eine Feuerflamme" (Offenbarung 1, 14).

Die Gegenwart Gottes ruft einfach ein Leuchten hervor! Als Mose 40 Tage und 40 Nächte bei Gott gewesen war, mußte man nachher sein Gesicht verhüllen, weil man ihn sonst nicht ansehen konnte. Als Mose und Elia auf dem Verklärungsberg erschienen, um mit Jesus zu reden, merkten die Jünger, daß sie „in himmlischem Glanz" (Lukas 9, 31) gekleidet waren. Sie strahlten einfach!

Bei einem Besuch teilte mir der Begleiter Gabriels mit, daß Gott es ihm erlaubt habe, meine Fragen zu beantworten. Ich war so überwältigt, daß ich kaum wußte, was ich sagen sollte. Ich war mit Ehrfurcht erfüllt, doch ging gleichzeitig eine große Freude von ihm aus. Schließlich faßte ich Mut und fragte: „Was macht ihr Engel zwischen euren Erscheinungen? In biblischen Zeiten verstrichen oft drei- bis vierhundert Jahre, ohne daß wir etwas davon lesen, daß Engel erschienen. Ist es euch nicht langweilig?"

Diese Frage machte ihn recht perplex. Dann antwortete er mit der tiefsten und angenehmsten Stimme, die ich jemals gehört habe: „Die Erscheinungen in der Bibel sind nur Berichte von den Gelegenheiten, bei denen Gott den Menschen die Augen für uns öffnete. Solange es Menschen gibt, um die wir uns kümmern können, sind wir beschäftigt." Engel sind Wesen aus der Sphäre der Ewigkeit. Für sie hat Zeit keine Bedeutung. Vom Altern wissen sie auch nichts.

Wir unterhielten uns weiter über andere Themen, über die ich noch nicht mit Gabriel gesprochen hatte. Am meisten sprachen wir von den Diensten, die die Engel leisten. Die Engel haben noch eine Aufgabe: sie sollen sich auch um die Bösen und Gottlosen kümmern. Der Begleitengel sagte: „Du wirst die Tiefe der Liebe Gottes nie begreifen, sie ist zu groß!" Ist es nicht erstaunlich, daß die Menschen Gott hassen und verfluchen und Ihm den Rücken kehren, und doch streckt Er ihnen die Arme entgegen, weil Er sie so liebt!

Ich bat den Engel, mir von seinen interessantesten Erlebnissen zu berichten. Eine der Geschichten, die er erzählte, erinnerte mich daran, wie alt er wohl sein muß — denn Engel wurden schon vor der Welt geschaffen. Es ging um den Auszug Israels aus Ägypten. Die Engel haben da nämlich tüchtig mitgeholfen. „Gott gab uns die Erlaubnis, die Ägypter zu strafen. Wir durften alle göttlichen Waffen einsetzen. Wir warfen Blitzstrahlen auf sie und rissen die Räder von ihren Wagen!"

Er sagte nicht, daß ihm so etwas Spaß machte. Er meinte nur, diese Sache sei ihm im Gedächtnis geblieben, weil Israel auf so großartige Weise durch die Teilung des Meeres befreit wurde.

Eine andere interessante Begebenheit erzählte er mir von der Zeit, als Israel gezwungenermaßen in den Krieg ziehen mußte. „Aber die von Gibeon sandten zu Josua ins Lager nach Gilgal und ließen ihm sagen: Zieh deine Hand nicht ab von deinen Knechten; komm eilends zu uns herauf, rette und hilf uns! Denn es haben sich gegen uns versammelt alle Könige der Amoriter, die auf dem Gebirge wohnen. Da zog Josua hinauf von Gilgal und das ganze Kriegsvolk mit ihm und alle streitbaren Männer. Und der HERR sprach zu Josua: Fürchte dich nicht vor ihnen: denn Ich habe sie in deine Hände gegeben. Niemand unter ihnen wird vor dir bestehen können" (Josua 10, 6—8).

Gott hatte beschlossen, Israel den Sieg zu geben, darum *mußten* sie auch gewinnen. Und doch waren sie zu müde, um zu kämpfen.

Der Engel fuhr fort, sie hätten Befehle erhalten, *einzugreifen* — aber sie durften dabei das Wirken Gottes im Leben der Menschen nicht *stören*.

Die Israeliten machten ein fantastisches Erlebnis, als eine Gruppe von Engeln große Hagelsteine machte und sie auf die feindliche Armee herunterwarf. ,,Und als sie vor Israel flohen den Weg hinab nach Beth-Horon, ließ der HERR große Steine vom Himmel auf sie fallen bis Aseka, daß sie starben. Und von ihnen starben viel mehr durch die Hagelsteine, als die Kinder Israel mit dem Schwert töteten" (Josua 10, 11).

Auch heute helfen die Engel den Menschen in vielfältiger Weise. Viele scheinbare Zufälle sind das Ergebnis von Engeldiensten. Weil wir bisher so wenig über Engel gewußt haben, erkennen wir nicht, wie Gott seine himmlischen Heerscharen einsetzt. Gott ließ Paulus die Macht seiner Kräfte sehen, ebenso David, der über die große Zahl der Engel und die Größe ihrer Kraft schrieb. Im Hebräerbrief heißt es: ,,Sind sie nicht alle nur dienende Geister, ausgesandt, um denen zu helfen, die das Heil ererben sollen?" (Hebräer 1, 14).

Auf keinen Fall will Gott, daß wir Seine Engel anbeten. Aber wir sollten um sie wissen — und um ihre Bedeutung für unser heutiges Leben. Engel sind nicht nur Gestalten aus biblischen Erzählungen, sondern vielmehr lebendige und tätige Wesen, die das Entfalten des großen göttlichen Planes beschleunigen.

Gabriel sagte mir auch noch, daß viele Menschen sich einbilden werden, einen Engel gesehen zu haben. Das entspreche der normalen menschlichen Vorstellungskraft derjenigen, die Gottes Wirken durch Engel bezeugen wollen. Dann fuhr er fort: ,,Es *wird* auf alle Fälle bestimmte Zeiten geben, wenn Gott die Augen der Menschen auftut. Dann werden sie die Engel wahrnehmen. Das werden echte Engel sein, nicht bloß eingebildete."

Er erwähnte auch noch, daß Gott selbst und Seine Engelscharen denjenigen Menschen, die sie nicht sehen, genauso nahe sind wie denen, die sie sehen dürfen.

Ich bin so froh, daß Gott es mir erlaubt hat, in so einer interessanten Zeit zu leben. Es ist die beste Zeit, die es jemals gegeben hat! Auf einigen Gebieten sieht es zwar finster aus, aber wenn man Jesus in diese Situationen hineinbringt, sieht alles hell aus! ,,Die ganze Erde ist voll von Seiner Herrlichkeit!"

Kapitel 4

Der Thronsaal

Die Kette seltsamer Ereignisse in meinem Leben läßt sich auf den 21. Januar 1977 zurückführen. An jenem Tag war ich bei Gott zu Gast.

Ich entdeckte, daß Gott uns zum Freund werden möchte. Er sprach zu mir: „Entspanne dich, Ich kenne dich ja schon.“ Diese Worte haben mein ganzes Leben verändert.

Als Er mir sagte: „Ich führe über Versagen nicht Buch“, öffnete Er für die ganze Menschheit eine Hoffnungstür.

Um etwa 22.30 Uhr an einem Samstag abend im Januar 1977 saß ich vornübergebeugt an meinem Schreibtisch, da ich mich mit Meditation und Gebet auf den Sonntag vorbereiten wollte. Plötzlich, ohne Warnung, wurde ich aus dem Zimmer entrückt!

Ich hörte eine Stimme sprechen: „Komm' mit mir zum Thronsaal, wo die Geheimnisse des Weltalls aufbewahrt werden!“ Mir blieb keine Zeit zu antworten, denn bei Gott haben räumliche Entfernungen keine Bedeutung. Im Nu war es geschehen: ich war am Ziel! Erst dann erkannte ich, daß es die Stimme des allmächtigen Gottes war, die mit mir redete.

Ich war aufgeregt, aber Gott sagte mir, ich solle mich entspannen. Er meinte: „Mir kannst du nichts vormachen, denn Ich kenne dich schon.“ Allmählich konnte ich mich dann entspannen, obwohl ich so von der Gegenwart Gottes gepackt war, daß es mir schwerfiel, alles einzuordnen.

Gott ließ sich nicht aufhalten, sondern sagte ziemlich direkt: „Ich will dir einen großen Überblick über die Wahrheit geben“ (genauso hat Er sich ausgedrückt). Im Bruchteil einer Sekunde betrachteten wir die ganze Bibel von 1. Mose bis zur Offenbarung und sahen dort Gottes Plan für Sein Volk. Anhand der Bibel zeigte mir Gott Seinen Charakter und sagte: „Ich will nichts tun, was Meinem Wesen oder Meinem Charakter widerspricht. Mein Plan für dich ist gut, und Ich will ihn vollführen."

Dann wies er mich auf Jeremia 29, 11 hin: „Denn Ich weiß wohl, was Ich für Gedanken über euch habe, spricht der HERR: Gedanken des Friedens und nicht des Leides, daß Ich euch gebe das Ende, des ihr wartet." Durch diese Gedanken wollte mir Gott zeigen, wie Er den Menschen gegenüber eingestellt ist. Bevor Er die Erde schuf, dachte Er an die Menschen, denn auf ihr sollten sie einen Wohnort finden. Wenn Er die Menschen ansieht, schaut Er nicht auf all das Böse, was geschehen ist, sondern blickt ins Herz des einzelnen.

Während dieses Erlebnisses gab mir Gott einen herrlichen Blick in die Geheimnisse des Weltalls. Stoff, Energie, Natur und Weltraum, in allem ist die Herrlichkeit Gottes zu erkennen. Dieser großartige Überblick vermittelte mir einen neuen Eindruck für die Schönheit und Harmonie der Heiligen Schrift. Biblische Wahrheiten, die ich vorher nur dunkel geahnt hatte, wurden mir jetzt vollkommen klar. Wie bei einem Puzzle paßten alle Teile zusammen.

Gott gab mir dann die Erlaubnis, Ihm Fragen zu stellen. Ich war ganz durcheinander. Wie stellt man Gott Fragen? Die Gegenwart Gottes war so ehrfurchtgebietend, daß ich kaum denken konnte, aber schließlich kam doch noch ein Gedanke. Ich wollte gern wissen, ob Gott tatsächlich einen Plan für das Leben eines jeden einzelnen Menschen macht. Aus irgendeinem Grunde dachte ich, das könnte sogar für Gott eine zu große Aufgabe sein.

Gott antwortete, indem Er mir zeigte, wie riesig das himmlische Archiv ist. Das wollte schier nicht in meinen Kopf hinein! Nie werde ich verstehen, wie Gott den Überblick über so viele Akten behalten kann. Es gibt Billionen davon! Gott sagte: „Weil dich das überwältigt, werde Ich eine Akte holen, zu der du eine Beziehung hast." Sofort zog Er meine persönliche Akte heraus, wollte sie mir jedoch nicht zeigen. Statt dessen nannte Er mir einige zukünftige Ereignisse daraus, die mir später als Bestätigung des Erlebnisses dienen sollten.

Danach überraschte mich Gott wieder, indem Er 120 Begebenheiten niederschrieb, die in meinem Leben noch vorkommen sollten. Er schrieb nicht so wie du oder ich; die Informationen erschienen ganz plötzlich. Ich brauchte es nicht einmal neu zu lesen. Aber ich kann ALLES, was dort stand, augenblicklich wiedergeben, denn es ist in meinem Geist eingeprägt wie die Buchstaben einer Druckmaschine auf dem Papier. Die Druckmaschine hat es nicht nötig, das, was gedruckt ist, zu lesen. Es steht ja da! Genauso ist jede Einzelheit in meinem Geist eingebrannt und bleibt dort.

Gott machte mir klar, daß ich diese Erkenntnisse erst veröffentlichen dürfte, wenn Er es mir erlauben würde.

Er sagte weiter: „Ich möchte dir eine andere Akte zeigen, die du leicht verstehen kannst." Dann zog Er die Akte des Cyrus und erinnerte mich an den letzten Vers von Jesaja 44 und an die ersten fünf Verse von Jesaja 45. Dort sagt Gott: „Der zu Cyrus sagt: Mein Hirte! Er soll all Meinen Willen vollenden und sagen zu Jerusalem: Werde wieder gebaut! und zum Tempel: Werde gegründet! So spricht der HERR zu Seinem Gesalbten, zu Cyrus, den Ich bei seiner rechten Hand ergriff, daß Ich Völker vor ihm unterwerfe und Königen das Schwert abgürte, damit vor ihm Türen geöffnet werden und Tore nicht verschlossen bleiben: Ich will vor dir hergehen und das Bergland eben machen, Ich will die ehernen Türen zerschlagen und die eisernen Riegel zerbrechen und will dir heimliche Schätze geben und verborgene Kleinode, damit du erkennst, daß Ich der HERR bin, der dich beim Namen ruft, der Gott Israels. Um Jakobs, Meines Knechts, und um Israels, Meines Auserwählten, willen rief Ich dich bei deinem Namen und gab dir Ehrennamen, obgleich du Mich nicht kanntest. Ich bin der HERR, und sonst keiner mehr, kein Gott ist außer Mir. Ich habe dich gerüstet, obgleich du Mich nicht kanntest."

Gott schaute damals in die Zukunft hinein und sah genau, was geschehen würde.

Ich durfte alle Akten und die Pläne für viele Menschen sehen. In der einen Akte ging es um den Apostel Paulus. Dort stand, daß er benutzt werden sollte, um das Evangelium vor Königen, Herrschern und vielen Menschen in obrigkeitlicher Stellung zu predigen. Darum gab ihm Gott ein überdurchschnittlich großes Gehirn. Weil er so intelligent war, durfte er bei den großen Lehrern seiner Zeit studieren. Schließlich bekam er Einzelunterricht bei Gamaliel, dem hervorragendsten Rabbiner jener Epoche. Gott hatte Paulus mit der Absicht auserwählt, Teile der Heiligen Schrift, nämlich die Briefe und den Plan Gottes für Seine Gemeinde, die Sein Leib ist, aufzuschreiben. Darum wurde er für diese Aufgabe entsprechend vorbereitet.

Es hat mich sehr gefreut, einen Blick in die Akten von Abraham und Sara werfen zu dürfen. Während ich darin las, merkte ich vieles, was ich vorher nicht wußte. Die Akte berichtete, wie gastfreundlich Abraham und Sara waren, wenn Fremde zu ihnen kamen. Sie erbarmten sich über solche, denen es nicht so gut ging; sie tränkten ihre Kamele, boten ihnen Unterkunft und gaben ihnen zu essen. Das gefiel Gott und wurde niedergeschrieben, aber im ersten Buch Mose hatte ich nie etwas davon gelesen!

Dagegen konnte ich keinen Bericht über Abrahams Versagen finden. Es gab keinen Bericht darüber, wie Abraham den König von Ägypten belog und ihm sagte, Sara sei seine Schwester. Ebenfalls fehlte der Bericht über seinen schwachen Glauben, als er über Gott lachte, weil er nicht glauben konnte, daß ein Mann in seinem Alter noch Vater werden könne.

„Gott, wo ist die andere Akte?"

„Für Gläubige gibt es keine andere Akte."

„Aber wo hast du Abrahams Versagen aufgeschrieben? Ich habe Deine eigenen Worte darüber in der Bibel gelesen!"

„Ich habe keine andere Akte. IM HIMMEL SCHREIBE ICH KEIN VERSAGEN AUF!" (vgl. Hebräer 10, 17—18).

Das gibt der ganzen Menschheit neue Hoffnung!

Die Ewigkeitsakten sind anders als normale menschliche Akten; sie sind vollständig und enthalten absolut alles. Beim Jüngsten Gericht werden diese Berichte im Mittelpunkt stehen, wenn die Bücher aufgeschlagen werden. Das himmlische Archiv unterliegt ganz anderen Maßstäben als alle irdischen Archive; es ist eben ewig!

Gott machte mir eine Freude, indem Er mich im Geist in die Häuser von mehreren Familien aus meiner Gemeinde brachte. Wie im Nu brachte mich Gott von einem Heim ins andere, so als würden wir von Tür zu Tür gehen. Wir hörten uns die Gespräche der Menschen an, die gerade dort waren, und es kam mir komisch vor, in einem Zimmer zu sein, wo die anderen Anwesenden anscheinend nicht merkten, daß ich da war. Ich konnte sie sehen, aber sie schienen durch mich hindurchzublicken. Dann dachte ich daran, daß Christus in unseren Häusern ist und alles hört und sieht, was sich dort abspielt; doch sind wir uns Seiner Anwesenheit gar nicht bewußt.

Überall waren unzählbare Engelscharen. Einen kurzen Augenblick durfte ich mein eigenes Kirchengebäude voller Engel sehen. Es waren mehr himmlische als irdische Wesen im Gottesdienst! Halleluja!

Es wäre unmöglich, alles zu erzählen, was ich damals in der Herrlichkeit erlebte. Ich möchte nur die Dinge weitergeben, die mich am meisten beeindruckten.

Im Himmel entdeckte ich zu meinem Erstaunen, daß dort jene gekünstelte Frömmigkeit fehlt, die viele Leute an sich haben, wenn sie an Gott denken. Dort war alles so hell, so fröhlich und entspannt! Ich hatte nie das Gefühl, auf Zehenspitzen gehen zu müssen, denn ich war vollkommen entspannt. Ich mußte mir nicht alles zweimal überlegen, was ich sagen wollte, aus Angst ich könnte jemandem mißfallen. Dort ist man absolut ehrlich. Dieses wunderschöne Erlebnis werde ich nie vergessen!

Gott machte mir sehr klar, daß wir aufhören sollten, uns um die Dinge zu kümmern, für die Er verantwortlich ist. Er zeigte mir Menschen, die Gott zu dienen versuchen, indem sie sich bemühen, sich vollkommen auf Gott einzustellen, um immer nur das Richtige zu sagen und zu denken.

Gott sagte eindeutig: „Das ist Meine Sache! Du sollst Mich anbeten, mit Mir wandeln, deine Hand in die Meine legen und dein *Herz* auf Mich einstellen. Dann schenke Ich dir das Vorrecht, nach Meinen Gedanken zu tun. Erlaube Mir, Mich um Meine eigenen Angelegenheiten zu kümmern! Meine Verheißungen sind Meine Angelegenheit, Ich werde Mich darum kümmern. In all diesen Jahren habe Ich kein einziges Mal versagt. Nicht ein einziges Versprechen in Meinem ganzen Wort ist ungültig geworden."

Ich durfte manche Tatsachen erfahren, die mich in Erstaunen setzten. Gott zeigte mir zum Beispiel, daß das Geld bald nicht mehr viel Wert haben wird, außer in Seinem Werk. Gott wird für alle, die ihr Einkommen um Seines Werkes willen opfern, einen Segensstrom schaffen, der nie versiegt. Er zeigte mir auch die Leute aus meiner Gemeinde, die Er finanziell besonders segnen wollte. Das waren alles Leute, die zu der Zeit nicht so viel Geld hatten. Aber sie meinten, es sei die wichtigste Aufgabe auf Erden, dem Reich Gottes Geld zukommen zu lassen, und darum wollte Gott Seinen Segen über sie ausschütten.

In der Zwischenzeit habe ich einen Blick in den Kassenbericht unserer Gemeinde geworfen. Normalerweise mache ich das nicht, aber ich wollte gern sehen, ob Gott diese Menschen schon gesegnet hätte. ALLE, DIE MIR DER HERR GENANNT HATTE, gaben nicht mehr kärglich, sondern überreichlich!

Gott offenbarte mir noch etwas sehr Interessantes, als ich bei Ihm war, und zwar eine wissenschaftliche Tatsache, die erst später von den Wissenschaftlern auf Erden entdeckt werden sollte. Meine Frau war so erstaunt wie ich über diese Tatsache, als ich ihr davon erzählte. Gott sagte, wir würden bald hören, daß die Sache von Wissenschaftlern entdeckt sei.

Man hat nämlich viel über die ,,schwarzen Löcher" im All spekuliert. Gott erklärte mir, die dunklen, leer aussehenden Räume entstehen, weil einige Sterne eine so starke Schwerkraft haben, daß sie ihre eigenen Lichtstrahlen wieder zurückziehen. Folglich erlöschen diese Sterne und geben kein Licht mehr von sich. Darum erscheinen sie uns als ,,schwarze Löcher"; die Sterne sind noch da, aber wir können sie nicht mehr sehen. Man könnte sie ,,Sternenfriedhöfe" nennen. Gott sagte, daß wir auch zu solchen ausgelöschten Sternen werden, wenn wir nur noch an uns selbst denken.

Eines Abends im Juli 1978 besuchte uns ein Weltraum-Ingenieur, und ich besprach mit ihm diese Offenbarung. Er war erstaunt, als ich ihm sagte, was Gott mir über die ,,schwarzen Löcher" gezeigt hatte. Er meinte: ,,Das ist unglaublich! Wir bekamen erst vor zwei Monaten die Information von unseren Raumsonden, daß es tatsächlich ausgelöschte Sterne in diesen »schwarzen Löchern« gibt." Die Details seien noch nicht veröffentlicht. Meine Frau, Charmian, mußte lachen, als sie dies hörte, denn ich hatte schon vor einigen Monaten mit ihr darüber gesprochen.

Der Ingenieur schrieb mir später einen Brief folgenden Inhalts:

> ,,Ich war besonders erstaunt, als Sie mir Ihre Erkenntnis über den Weltraum mitteilten. Es hat mich sehr überrascht, daß der Herr Ihnen zeigen konnte, wie ein Christ, der aufhört für den Herrn zu leben und zu zeugen, zu einem Stern wird, der nicht mehr leuchtet. Diese Sterne würden nicht mehr leuchten und nichts mehr widerspiegeln, nicht einmal fremdes Licht, das zu ihnen gelangt.

> Für mich sind das die »schwarzen Löcher« im Weltraum. Sie hatten wissenschaftliche Kenntnisse, die den meisten Pastoren nicht zugänglich sind. Diese Informationen müssen Sie vom Herrn bekommen haben."

Gott erinnerte mich daran, wie wunderschön die Erde ist, denn alle Lande sind Seiner Ehre voll. Er ließ mich sehen, daß eine steigende Zahl von Menschen sich bekehren wird. Ich sah keinen großen Abfall, keine Niederlage für die Gemeinde und keine Gemeinde, die sich versteckt — sondern eine siegreiche Gemeinde!

Ich entspannte mich ganz und fing an, mich bei Gott wohlzufühlen. Bei Gott braucht man die Sonntagskleidung nicht anzuziehen, denn Er weiß, wie wir im Alltag aussehen! Ihm kann man nie etwas vormachen. Vor Gott sollte man ganz natürlich sein; ich entdeckte, daß es im Himmel nicht anders möglich ist.

Mir kam es vor, als wäre ich mehrere Monate oder noch länger beim Herrn geblieben. Wenn ich alles aufschreiben müßte, was ich sah, dann würde ich ein Buch mit mehreren hundert Seiten schreiben! Aber die Ewigkeit läßt sich sowieso nicht mit unseren Zeitvorstellungen vereinen. Normalerweise hätte ich nicht einmal Zeit gehabt, das Blatt zu lesen, das Gott mir gab, denn es lagen weniger als fünf Minuten zwischen meiner Entrückung aus dem Büro und meiner Rückkehr. In der Ewigkeit gibt es keine Uhren, denn dort wird die Zeit gar nicht gemessen. Die Zeit ist nur für uns auf Erden da. Die Ewigkeit wird keinesfalls eine unendlich lange und womöglich noch langweilige Zeitspanne sein. Dort gibt es keine Zeit, sondern vielmehr erlebt man dort, was es eigentlich heißt, zu *sein.*

Als ich anfing, diese übernatürlichen Erlebnisse meiner Gemeinde mitzuteilen, war ich sehr vorsichtig, denn einige hätten denken können, ich hätte eine Schraube locker! Am Anfang habe ich mich selbst manchmal gefragt, ob ich nicht unter Halluzinationen leide. Aber immer, wenn ich mich so fühlte, ließ Gott etwas genauso geschehen, wie es auf dem Blatt gestanden hatte.

Wenn es also so weit ist, daß Sie diese Erde verlassen müssen, machen Sie sich keine Sorgen darüber, denn der Himmel ist nicht langweilig! Und wenn es Ihnen in diesem Leben schlecht geht, machen Sie sich auch darüber keine Sorgen. Gott will, daß es uns hier gut geht auf diesem schönen Planeten; wir sollten für Ihn leben und glücklich sein. Gott geht es gar nicht so sehr um die vielen kleinen nichtigen Dinge, aus denen die Menschen oft so viel machen. Vielmehr möchte Er, daß wir mit Ihm wandeln und Ihn lieben. Wir sollten auf das schauen, was Er heute bewirkt, denn alle Lande sollen Seiner Gnade und Ehre voll werden!

Gott gestattete mir, verstorbene Familienmitglieder wiederzusehen. Dann sah ich Gläubige, die gerade aus diesem Leben schieden. Ihre Familienangehörigen im Himmel wurden von Engeln darauf aufmerksam gemacht, daß noch ein Familienmitglied nach Hause kommen würde; sie sollten sich zur Begrüßung aufmachen. Paulus schrieb, daß diese Verstorbenen „himmlische Leiber" haben, was eine weitere ewige Wahrheit für mich verständlich machte. Die Verstorbenen konnten nämlich identifiziert werden, denn sie sahen genauso aus wie hier auf Erden, bloß ohne Sorgen, Leid und andere Probleme. Sie erlebten eine dauerhafte Freude und wirkliches Glück, denn im Himmel machten sie ständig neue Entdeckungen über die Schönheit unseres Gottes.

Gott zeigte mir noch etwas, was ich bisher nie verstanden hatte. Es gibt nämlich einen Bereich zwischen unserer ewigen Heimat im Himmel und dieser Erde, und es ist möglich, aus diesem Bereich zur Erde zurückzukehren. Alle Menschen, die starben und dann auf Gottes Geheiß zur Erde zurückkehrten, hatten erst diesen Bereich erreicht. Sie waren noch nicht in die ewige Heimat gelangt. Das ist eine ganz interessante Tatsache, worüber ich keine Vermutungen anstelle, denn ich war selbst dort und habe alles gesehen!

Gott sagte mir etwas, was meiner Theologie so sehr widersprach, daß es mir sehr schwerfiel, es einzuordnen. Ich habe gepredigt, daß Menschen, die sterben, ohne Gott zu kennen und errettet zu sein, keine Möglichkeit mehr haben, in den Himmel zu kommen. Aber Gott zeigte mir, daß das nicht unbedingt so sein muß. Es gibt einen Bereich, in dem der Geist eines Menschen verweilen kann, bevor er zum endgültigen Ziel weitergeht. Viele Leute, die für klinisch tot erklärt wurden, und dann doch wieder zum irdischen Leben zurückkehrten, haben ein solches Erlebnis gemacht. Einige sind sogar den Pforten der Hölle nahegekommen und konnten hineinsehen, andere durften sogar in den Himmel hineinblicken, aber dann sind sie doch zurückgekehrt. Gott hat mir das nicht als Lehre gegeben, die man beweisen oder als Lehrfach einführen könnte, sondern als einfache Tatsache. Ich sagte Gott auch, daß dies nicht mit meiner Theologie übereinstimme, aber Er meinte nur, Er wolle es sowieso nicht mit meiner Theologie vergleichen!

Ich sah eine Art Flur, wie ein Gang oder Tunnel zwischen Leben und Tod, ein Wartezimmer, von wo aus die Geister in ihre ewige Heimat gehen. Gott sagte mir, daß Menschen, die zum irdischen Leben zurückkehren, aus diesem Flur kommen.

Ich fühlte mich die ganze Zeit, während ich im Thronsaal war, sehr wohl, aber das Erlebnis war zu schnell vorbei. Plötzlich kam ich in mein Büro zurück und konnte mich selbst vornübergebeugt im Gebet sitzen sehen. Bis zu diesem Augenblick hatte ich gedacht, ich wäre im Leibe im Thronsaal, aber dem war nicht so.

Der Herr hat einen wunderbaren Sinn für Humor, und im Himmel gibt es viel Freude und Lachen. Als ich ins Büro zurückkehrte, konnte ich einen Augenblick meinen Kopf von hinten sehen. Daraufhin bemerkte ich: „Herr, ich wußte nicht, daß ich so viele weiße Haare habe!"

Als ich mich wieder im Stuhl sitzen fand, war ich zutiefst erstaunt, denn ICH HATTE IMMER NOCH DAS BLATT IN DER HAND, DAS GOTT MIR GEGEBEN HATTE! Ich wußte nicht so recht, was ich damit machen sollte, aber es war jedenfalls echt. Da ich wußte, daß ich den Inhalt noch nicht weitergeben durfte, machte mich die Sache sehr unruhig. Sorgfältig legte ich das Blatt auf die anderen Papiere auf meinem Schreibtisch, damit nichts passieren konnte, dann ging ich nach Hause. Meine Frau fragte mich, warum ich so blaß und still sei. Ich erzählte ihr genauestens, was geschehen war, und wir unterhielten uns lange Zeit über meine Erlebnisse im Thronsaal. Schließlich gingen wir ins Bett, und früh am Sonntag morgen stand ich auf und ging ins Büro, um mir das Blatt noch einmal anzusehen. Ich entdeckte, daß es ZU ASCHE GEWORDEN WAR!

Die Asche sah aus wie Pelz und war wie federige Flocken. Sie bewegte sich beim geringsten Luftzug und erinnerte mich an Schneeflocken, obwohl die Farbe anders war.

Ich wußte wirklich nicht, was ich damit machen sollte. Ich hätte es nicht übers Herz gebracht, sie fortzuwerfen, und ich hatte etwas Angst davor, sie irgendwo anders hinzubringen; darum ließ ich sie bis später dort liegen. Viele Leute kamen ins Büro und wollten sie sehen. Schließlich tat ich die Asche in einen Briefumschlag, was sie zusammenschüttelte, so daß sie nicht mehr so federhaft war. Den Briefumschlag habe ich heute noch als Erinnerung an einen Terminkalender, den ich nicht erstellte. Persönlich kümmere ich mich nicht darum, daß die vorher angekündigten Ereignisse stattfinden. Gott hat mir einfach gezeigt, was Er tun will, und hat dadurch meinen Glauben gestärkt. Wenn Gott nicht in dieser Sache wäre, wüßte ich nicht, wie ich das Blatt und die Asche erklären sollte. Viele Menschen hörten davon und reisten aus großer Entfernung, um diese außergewöhnliche Asche zu sehen. Mehrere Pastoren hielten Teile dieser Asche in der Hand und erlebten, daß sie auf der Stelle verdampfte. Binnen zweieinhalb Wochen war nicht ein einzelner Staubpartikel übrig!

Viele Leute haben mich gefragt, wie das Blatt wohl ausgesehen habe. Es war so dick wie ein Stück Leder, aber weiß und nicht ganz durchsichtig. Anscheinend war es aus etwas Größerem herausgerissen, nicht geschnitten, und hatte ein wenig Ähnlichkeit mit Pergament.

Jemand fragte mich einmal, ob mir nicht das Zeitliche jetzt leer vorkommen würde. Nein, auch das Zeitliche ist ein Teil Seines Planes für Sein ewiges Reich. Gott ist mir genauso nahe hier wie dort!

Während ich dort war, erwähnte Gott, daß die Bibel vor allen Dingen dazu da sei, um Seinen Charakter zu offenbaren. Er gab mir Jeremia 9, 22—23: ,,So spricht der HERR: Ein Weiser rühme sich nicht seiner Weisheit, ein Starker rühme sich nicht seiner Stärke, ein Reicher rühme sich nicht seines Reichtums. Sondern wer sich rühmen will, der rühme sich dessen, daß er klug sei und Mich kenne, daß Ich der HERR bin, der Barmherzigkeit, Recht und Gerechtigkeit übt auf Erden; denn solches gefällt mir, spricht der HERR.“

Dann wies mich Gott auf 2. Mose 34, 6—7 hin, wo Er Mose sagte, daß er Ihn zwar nicht sehen dürfe, Er wolle ihm aber sagen, wie Er sei. ,,HERR, HERR, Gott, barmherzig und gnädig und geduldig und von großer Gnade und Treue, der da Tausenden Gnade bewahrt und vergibt Missetat, Übertretung und Sünde...“ Dann sagte Er weiter: ,,Für solche, die Mich verwerfen, gibt es die andere Seite.“

Gott gab mir eine besondere Erleuchtung über mehr als 2000 Verse aus der Bibel. Sofort kannte ich den Text sowie Vers- und

Kapitelzahlen auswendig. Das kann ich auf keinen Fall erklären! Ich brauche mich nicht einmal an die Stellen erinnern, ich kann sie zu jeder Zeit vor mir sehen, solange ich will.

Vielleicht kommt es Ihnen seltsam vor, aber es fiel mir die ganze Zeit nicht ein, nach dem Aussehen Gottes Ausschau zu halten. Mir wurde nur bewußt, wie hell Seine Herrlichkeit strahlte. Wie Paulus einmal sagte, die Herrlichkeit und der Glanz jenes Ortes können mit menschlicher Sprache nie angemessen beschrieben werden.

Kapitel 5

Nach dem Thronsaal-Erlebnis

Wäre es Ihrer Meinung nach außergewöhnlich, wenn 30 von 100 Vorhersagen einträfen? Was hielten Sie dann davon, wenn einmal von 120 Vorhersagen alle 120 einträfen?

Das ist bei mir vorgekommen. Gott macht nie einen Fehler, darum kann man sich ganz auf Ihn verlassen!

Gott sagte mir, der Papst habe bei Ihm keinen größeren Einfluß als der geringste Christ, er habe auch keine Sonderrechte. Aber weil der Papst bei den Menschen großen Einfluß ausübe, sei selbst eine Papstwahl Gottes Angelegenheit. Er habe einen Mann mit Namen Karol Wojtyla aus Polen zum Papst erwählt. Diese Offenbarung erhielt ich am 21. Januar 1977. Am 16. Oktober 1978 ging sie in Erfüllung, als Karol Wojtyla als Johannes Paul II. zum Papst ernannt wurde.

Eines nach dem anderen begannen die 120 Ereignisse, die mir Gott bei dem Erlebnis im Thronsaal aufgeschrieben hatte, der Reihenfolge nach einzutreffen. Gott sagte mir, daß das Erlebnis darin eine wiederholte Bestätigung finden würde.

Als ich entrückt war, brachte mich Gott in einer Vision in mein eigenes irdisches Büro, wo ich eine Frau erblickte, die in Zaubereidinge verstrickt war. Ihren Namen sagte mir Gott nicht, aber ich merkte mir genau, wie sie aussah. Gott sagte mir in der Vision, ich müsse die Geister binden und austreiben, damit die Frau frei würde. Sehr gern gehorchte ich!

Am nächsten Dienstag abend kam eine Frau zu mir ins Büro, die genauso angezogen war wie die Frau in der Vision. Sie wurde herrlich befreit, genauso, wie ich es vom Himmel aus gesehen hatte. Dieses Ereignis war Nummer 1 auf der Liste, die Gott mir gab.

Im Himmel zeigte mir der Herr auch, daß ich in einer Gemeinde predigen würde, wo größte Not herrschte. Das Gemeindehaus an sich habe ich nicht gesehen, doch sah ich viele Menschen mit allerlei körperlichen und geistlichen Nöten in ihm. Der Herr war dabei, ihnen in wunderbarer Weise neues Leben und Siegeskraft zu geben. Die Gemeinde hieß „Christian Life Center" (Christliches Lebenszentrum), aber meine Gemeinde in Boise war es nicht.

Am folgenden Montag erhielt ich einen Anruf vom Pastor einer Gemeinde in einer Kleinstadt in Washington. Gott habe es ihm aufs Herz gelegt, bei mir anzurufen und mich zu einem Dienst in seiner Gemeinde einzuladen. Zwar verstehe er nicht warum, doch sehe er die Sache als Gottes Willen an. Ich überprüfte meinen Terminkalender, dann rief meine Frau zurück, um ihm zu sagen, wann ich frei war. Als er sich dann meldete, war Charmian ganz überrascht, denn er tat es mit den Worten: „Hier Christian Life Center!" Genau wie Gott gezeigt hatte, traf Ereignis Nummer 2 ein!

Es kann mich vollauf begeistern, daß wir nicht ewig hinter Gott herlaufen müssen, um Ihn an Seine Verheißungen zu erinnern: „Gott, ich muß genau auf Dich aufpassen, damit Du alles tust, was Du versprochen hast!" Gott mußte mich schon so oft ermahnen: „Kümmere du dich um deine Angelegenheiten, und ich werde Mich um die Meinen kümmern!" Wenn Gott nicht tut, was Er verheißt, kann ich sowieso nichts daran ändern; aber ich weiß: Gott ist treu! Ich traue auf Ihn, Er hat mich nie im Stich gelassen. Wenn Er heute nicht handelt, dann greift Er morgen ein. Gott steht zu Seinem Wort! Es braucht sich keiner deswegen Sorgen zu machen.

Ereignis Nummer 4 auf der Liste sollte am 4. Februar 1977 stattfinden. Ein Mann sollte sich bekehren, der am 30. Mai bei einem Flugzeugabsturz ums Leben kommen würde. Genau an dem vorhergesagten Tag wurde der Mann errettet.

An dem Freitag, bevor er starb, kam er in den Gemeindegottesdienst und bat mich, mit ihm zusammen Mittag zu essen. Er meinte: „Pastor, ich habe das seltsame Gefühl, daß ich sterben könnte. Erzählen Sie mir bitte alles, was Sie über den Himmel wissen."

Ich mußte mir auf die Lippe beißen, denn ich *wußte* ja, was geschehen würde, doch durfte ich es ihm nicht sagen. Das hatte mir Gott nämlich verboten, weil auch andere davon betroffen würden. Aber eine Menge über den Himmel konnte ich ihm sagen!

Genau wie Gott es mir mehr als vier Monate zuvor geoffenbart hatte, kam er am 30. Mai 1977 bei einem Flugzeugunglück ums Leben.

Bei Ereignis Nummer 34 auf der Liste ging es um das Leben eines jungen Mannes, der sich als Satanspriester dem Teufel verschrieben hatte. Der Herr gab mir seinen Namen und ließ mich ihn sehen. An dem von Gott genannten Termin kam er zu uns in die Gemeinde, wo ich ihn erkannte, begrüßte und ins Büro einlud. Dort errettete ihn Gott, wusch all das Böse in seinem Leben weg und gab ihm neuen Sieg und Lebenssinn.

Kürzlich erhielt ich folgenden Brief von diesem jungen Mann:

> „Während ich Ihnen am 9. April 1977 die Geschichte meines Lebens erzählte, bekam ich den Eindruck, daß nichts, was ich sagte, Sie überraschte. Es war so, als würden Sie schon alles wissen. Später fand ich heraus, daß das tatsächlich der Fall war, denn mein Name stand auf einer Liste, die Sie im Thronsaal des Allmächtigen erhielten. Sie warteten schon auf mich, und es überraschte Sie nicht im geringsten, daß ich Jesus als Herrn und Heiland annahm.
>
> Mein Leben war ein ständiges Auf und Ab. Ich wurde in einer Pfarrei erzogen und war oft beim Altarruf nach vorn gegangen, doch hatte ich mich nie ganz dem Herrn ausliefern können. Ruhelos und undiszipliniert wanderte ich von Ort zu Ort und fand keinen Sinn in meinem Leben. Schließlich schloß ich mich einer spiritistischen Gruppe an, wo ich zu einem Medium wurde, das spiritistische Sitzungen und Trancereden hielt. Ich wurde von Dämonen besessen. Niedriger kann ein Mensch nicht sinken. Wahrlich war »mein Haus verwüstet zurückgelassen« (Matthäus 23, 38).
>
> Als ich versuchte, mich dieser Lebensweise zu entziehen, wurde mein Haus von Ratten überrannt, die sich nicht töten ließen. Ich verlor eins nach dem anderen: meine Wohnung, meine Menschenwürde und schließlich auch meine Familie.

Ich hatte keine Bleibe mehr. Dann rief ich bei meinen Eltern in Idaho an und entdeckte, daß sie mich noch liebten. Ich verließ die spiritistische Gruppe und kehrte nach Idaho zurück, wo ich wie der verlorene Sohn in der Bibel aufs allerherzlichste empfangen wurde. Nach kurzer Zeit gab mir der Herr meine Familie wieder. Meine Frau und ich machten auf Hawaii zusammen Urlaub, und dort lernten wir ein Ehepaar aus Boise kennen, das uns in Ihre Gemeinde einlud. PREIS DEM HERRN!

Bei mir im Büro hängt jetzt eine weiße Fahne, auf der geschrieben steht: »Herr, ich ergebe mich!«

Unterzeichnet: Jim Olson"

Gott erlaubte es mir auch, Ereignis Nummer 63 in allen Details vorherzusehen. Es handelte sich um ein Paar mit ganz ernsten Eheproblemen. Während ich im Himmel war, sah ich sie in mein Büro kommen und stellte fest, daß das Datum dieser Begebenheit auf dem Blatt vermerkt war.

Als der Tag dann herbeikam, erschien das Paar nicht. Ich fragte mich, was wohl los sei, und entschloß mich, etwas länger im Büro zu bleiben. Kurz nachdem ich normalerweise nach Hause gegangen wäre, klingelte das Telefon, und jemand fragte, ohne sich vorzustellen: ,,Pastor Buck, bleiben Sie noch eine Weile im Büro?"

Ich antwortete: ,,Ja."

Der Mann wollte keinerlei Auskunft darüber geben, wie er heiße.

Als dann die beiden zur Tür hereinkamen, begrüßte ich sie *mit Namen!* Das hat sie ganz und gar verwirrt! Dann fragte ich: ,,Was bringt Sie hierher?" Sie meinten, sie hätten furchtbare Eheprobleme und wollten sich irgendwo aussprechen. Warum sie gerade nach Boise gekommen waren, wußten sie nicht.

,,Wir sind mit dem Auto hierhergefahren und haben ein Hotelzimmer gemietet. Als wir aufs Zimmer gingen, bemerkten wir ein Telefonbuch, das an der Stelle aufgeschlagen lag, wo Ihre Werbung zu sehen war: »Seelsorge nach Vereinbarung«."

Sofort wußte ich, daß ein Engel rechtzeitig zur Stelle gewesen war, um das Telefonbuch aufzuschlagen und dafür zu sorgen, daß das Ehepaar das richtige Zimmer bekam.

Nach einer Weile sagte die Frau: ,,Die Fahrt hierher war ganz gut, wir haben uns prima verstanden. Wir brauchen Ihre Zeit nicht zu verschwenden, wir gehen jetzt lieber!"

Daraufhin sagte ich: „Nein, Sie sollten lieber hier bleiben, denn das stimmt nicht, was Sie sagen." Ich eröffnete ihnen, daß Gott mir diese Sprechstunde schon vor Monaten gezeigt hatte. Dann wandte ich mich der Frau zu: „Sie haben einen Revolver in der Handtasche, mit dem Sie Ihren Mann erschießen wollen, wenn Sie wieder im Hotel sind."

Er bekam es sofort mit der Angst zu tun und rief: „Wehe, du erschießt mich!"

Sie zitterte am ganzen Leibe.

Ich sagte weiter: „Machen Sie Ihre Handtasche auf und geben Sie den Revolver her!"

Und sie machte tatsächlich die Tasche auf und gab mir den Revolver, genauso wie ich es in der Vision gesehen hatte. Aber dann schrie ihre Seele zu Gott! Es war ihr klar, daß ich nie etwas vom Revolver hätte wissen können, wenn es mir Gott nicht gezeigt hätte. Sie fielen beide auf ihr Angesicht vor Ihm nieder, und Er wusch ihnen die Sünden weg und heilte sofort ihre Beziehung zueinander. In der Zwischenzeit habe ich einen sehr schönen Brief von den beiden bekommen; sie sind mittlerweile Mitglieder in einer guten Gemeinde in Kalifornien und dienen fröhlich dem Herrn.

Gott sagte mir, Er wolle nicht alles aufschreiben, was in meinem Leben geschehen sollte. „Ich möchte dir nur einige Ereignisse nennen, um dir zu bestätigen, daß Ich tatsächlich am Wirken bin." Zwischen jedem der Ereignisse auf der Liste geschahen bestimmt Hunderte von anderen Sachen, aber diese wenigen durfte ich als Wegweiser vorher erfahren. Man hat mich gefragt, was ich tun will, wenn alle 120 Vorhersagen eingetroffen sind. Darauf möchte ich nur antworten, daß alles, was geschieht, vorausgeplant wird, und nicht bloß diese 120 Ereignisse. Alles andere weiß ich natürlich nicht, aber Sie dürfen sicher sein, daß Gott alles in der Hand hat!

Auf der Liste stand interessanterweise der Name eines Juden, dem viele Restaurants gehören. Durch verschiedene wunderbare Führungen lernte er Jesus als seinen Heiland kennen. Folglich bekam er den Wunsch, den vielen Angestellten in seinen Restaurants das Evangelium weiterzusagen. Dazu meinte er: „Gott kümmert sich bestimmt genauso sehr um meine Angestellten wie um mich." Als er mir sagte, wie er heißt, freute sich mein Geist in mir, denn sein Name stand auf Platz Nummer 112 auf der Liste.

Ereignis Nummer 113 von den 120, die Gott mir am 21. Januar 1977 aufzeichnete, war die Wahl des neuen Papstes. Gott sagte mir, der Papst habe bei Ihm keinen größeren Einfluß als der geringste Christ, er habe auch keine Sonderrechte. Aber weil der Papst bei den Menschen großen Einfluß ausübe, sei selbst eine Papstwahl Gottes Angelegenheit. Er habe einen Mann mit Namen Karol Wojtyla aus Polen zum Papst erwählt. Diese Prophetie wurde am 16. Oktober 1978 erfüllt, als Karol Wojtyla als Papst Johannes Paul II. den Heiligen Stuhl bestieg.

Bei Nummer 116 auf der Liste ging es um die Volksrepublik China. Gott sagte mir, ich solle nicht in Panik geraten, wenn Amerika die diplomatischen Beziehungen zur Volksrepublik wieder aufnehmen und Taiwan dabei ziemlich im Stich lassen würde. Gott hat Sein Volk weder versäumt noch vergessen. Er bestimmte, daß die Tür einen Spalt geöffnet würde, damit Sein Licht nach China hineinleuchten kann und Menschen aus den Finsternisketten befreit werden. So ist es inzwischen geschehen.

Als Gott mich aus dem Himmel auf die Erde zurückbrachte, sagte Er mir: ,,Ich werde wieder zu dir kommen!" Oh, wie sehr ich Ihn liebe! Immer wieder hat Er himmlische Engelwesen zu mir geschickt und mir Botschaften für unsere Welt zuteil werden lassen.

Den Leuten, die wissen wollen, ob die Engel auf meinen Befehl hin kommen, möchte ich sagen, daß so etwas unmöglich ist. Engel hören nicht auf menschliche Befehle, sie hören allein auf Gott. Viele Menschen behaupten: ,,Ich gebiete den Engeln, so und so zu tun!" Aber diese Leute geben sich umsonst Mühe, denn man kann nie einem Engel gebieten, irgend etwas zu tun. Engel gehorchen nur Gottes Befehlen; darum weiß ich auch, daß sie Worte Gottes weitergeben, wenn sie sprechen. Und darum hören sie auch nicht auf menschliche Einwände, wenn Gott ihnen gebietet, jemandem zu dienen.

,,Denn wenn schon das Wort, das durch Engel verkündigt wurde, Geltung hatte und jede Übertretung und jeder Ungehorsam die verdiente Strafe empfing, wie wollen wir dann dem Gericht entrinnen, wenn wir eine solche Heilsbotschaft mißachten? Diese Botschaft wurde ja zuerst durch den Herrn selbst verkündigt und ist uns bestätigt worden durch die, die sie gehört haben" (Hebräer 2, 2—3).

Mein Besuch im Thronsaal hat mein Leben ganz und gar geprägt. Ich kenne Gott besser und persönlicher als je zuvor. Meine Gebetszeiten sind zu Audienzen beim Allmächtigen geworden. Die Bibel gewann für mich eine neue Dimension und wurde lebendig. Das Erlebnis war für mich einschneidend, und seit der Zeit habe ich mich fast ständig damit beschäftigt. Das Blatt, das Gott mir gab, habe ich ja nicht mehr, da es zu Asche wurde; aber jeder Satz, der dort geschrieben stand, ist mir stets gegenwärtig, als ob ich ein Bild vor mir hätte.

Ich habe so oft über die Ereignisse, die auf der Liste waren, nachgedacht und mir überlegt, wie sie Gott wohl zustandebringen würde. Bei einigen schien das völlig unmöglich zu sein. Gelegentlich schrieb ich dabei meine Gedanken nieder und heftete sie dann ein. Es macht mir Spaß, diese Notizen nach einiger Zeit wieder durchzulesen. Neulich holte ich einen Zettel hervor, auf dem ich das Datum eingetragen hatte: 4. Februar 1977, knapp zwei Wochen nach dem Erlebnis im Thronsaal. Zu der Zeit waren die meisten Ereignisse noch nicht eingetroffen. Ich hatte geschrieben: ,,Wie wird sich das alles erfüllen? Er wurde zwar heute errettet, aber er soll auch noch am 30. Mai 1977 bei einem Flugzeugunglück ums Leben kommen. Ich kann nicht begreifen, warum.“

Ich kann Gott nur danken, weil Er Sein Wort so treu gehalten hat. Von den Ereignissen, die Er mir in Seiner langen Liste zeigte, sind inzwischen 117 in genau der richtigen Reihenfolge eingetroffen. Die letzten drei werden auch eintreffen, bevor ich dieses Buch zu Ende geschrieben habe.

Oft werde ich gefragt, ob die Zahl der Ereignisse irgendwelche Bedeutung habe, oder ob etwas Besonderes geschieht, wenn alle 120 eingetroffen sind. Dem ist aber nicht so, denn diese 120 Ereignisse sind nur ein winziger Teil des großen göttlichen Planes. Sie sind Wegweiser, die auf Seine Treue hinweisen!

In der Bibel ließ Gott weit mehr als 120 Ereignisse vorhersagen. Alle biblischen Prophetien, die bis zu dieser Zeit in Erfüllung gehen sollten, trafen genauso ein, wie Gott sagte. Die Dinge, die ausgeblieben sind, werden auch noch eintreffen. Vorhergesagte Wunder sind ein Beweis dafür, daß wir es mit dem lebendigen Gott zu tun haben!

Sein Plan wird sich auch weiterhin entfalten, auch wenn ich keine Wegweiser mehr habe.

Vor allen Dingen sollte uns diese Botschaft auf die Sicherheit aufmerksam machen, die Gott uns tagtäglich schenken will. Wenn wir mit Ihm wandeln, wird Er uns recht führen. Auch wenn wir uns dessen nicht bewußt sind, läßt Er genauso gewiß im Leben eines jeden von uns Seinen Ratschluß vollbringen, wie Er die 120 Ereignisse, die Er mir an jenem herrlichen Tag im Thronsaal zeigte, geschehen ließ.

Kapitel 6

Gottes Prioritäten

Queenie, mein Hund, eine reinrassige Dogge, bellte leise und drückte ihre feuchte Schnauze gegen mein Gesicht. Es war zwei Uhr morgens, und ich erkannte sofort, was los war. Auf diese Weise weckt mich Queenie immer, wenn sie merkt, daß Engelbesuch im Haus ist.

Ich war voller Ehrfurcht und Staunen, als Gabriel mir sieben Wahrheiten schilderte, die vor Gott von höchster Bedeutung sind. Es sind Wahrheiten, die die Welt kennenlernen muß!

Neulich, als der Engel Gabriel bei mir war, bat er mich, sieben Wahrheiten niederzuschreiben, die er als „Gottes Prioritäten" bezeichnete. Bei Gott ist sieben die Zahl der Vollkommenheit. Mittlerweile habe ich diese Wahrheiten immer wieder durchgelesen, sie in mich aufgenommen und über sie nachgedacht. Gott hat sie mir so lebendig gemacht, und außerdem stimmen sie ganz und gar mit dem Wort Gottes überein.

Erste Priorität: Das Blut Jesu

Jede Botschaft, die der Engel mir brachte, wies auf den Opfertod Jesu hin. Dadurch, daß Jesus Sein Blut am Kreuz vergoß, wurde den Forderungen der Gerechtigkeit Gottes Genüge getan und der Zorn Gottes beschwichtigt. Unsere Schuldenliste ist ausgelöscht durch dieses vergossene Blut.

Warum mußte Gottes Zorn beschwichtigt werden? Nun, Gottes

vollkommene Gerechtigkeit verlangte Strafe für die Menschen, weil sie gesündigt hatten. Als Jesus Sein Blut vergoß, nahm Er Gottes gerechte Strafe auf sich. Er starb stellvertretend für uns.

Als Jesus dann in den Himmel auffuhr, besprengte Er dort alles mit Seinem Blut, auch das Buch, in dem alle unsere Missetaten, Schuld und Versagen aufgeschrieben waren.

Im Alten Bund stellte Gott Forderungen an uns, aber im Neuen Bund schreibt Er uns Seine Gesetze ins Herz. Es heißt nicht mehr: „Du sollst nicht!" sondern: „Ich will!" Bei dieser Wahrheit, die mir Gabriel erklärte, ging es also um den vollendeten Opfertod Jesu und nicht um unsere täglichen Kämpfe und Nöte.

Viele Christen sind sich zwar bewußt, daß ihre Sünden vor Gott getilgt sind, aber sie machen sich trotzdem Sorgen über ihr Versagen im zwischenmenschlichen Bereich. Gabriel sagte mir, daß Gott auch diese Sünden vergeben hat.

Im Alten Bund sagte Gott, daß Er aller Sünden und Missetaten gedenken werde. Im Neuen Bund sagt Er, daß Er ihrer nicht mehr gedenkt, denn sie wurden durch das Blut Jesu weggewaschen. Jesus schmeckte für jeden Mann und jede Frau den Tod, um sie von der Knechtschaft und der Sündenschuld zu befreien (Hebräer 2, 9).

Viele Menschen meinen, das Blut Jesu sei unbedeutend. Einige Theologen behaupten sogar, daß es nicht wichtig sei, ob Jesu Blut am Kreuz vergossen wurde oder ob es in Seinem Körper blieb. Aber Gott sagte, daß das Blut Jesu so wichtig war, daß kein Tropfen verlorengehen durfte. Nur dieses Blut wurde als unverweslich bezeichnet. Dies entsprach Gottes Plan. Hebräer 12, 24 schreibt der Verfasser sinngemäß: „Dort ist das Blut, das die Sünde zudeckte!" Vor Gott hat das Blut Jesu Bedeutung bis in alle Ewigkeit!

Zweite Priorität: Gemeinschaft mit Gott

Gott möchte, daß wir reichhaltige, wunderbare Gemeinschaft mit Ihm genießen. Diese Gemeinschaft bringt Er durch Sein Wort und Seinen Geist zustande. Gott möchte mit Ihnen Gemeinschaft haben! Er möchte, daß Sie sich jeden Tag an Seiner Gegenwart erfreuen!

Gott möchte nicht nur, daß die Christen Ihn näher kennenlernen; Er möchte, daß solche, die Ihm fernstehen, auch zu Ihm kommen.

Er verspricht, Ihnen nahe zu sein, wenn Sie Ihn nur anrufen, und wenn Sie am anderen Ende des Alls wären!

Gott LIEBT Sie! Er sucht nicht nach Gründen, um Sie fortzuschicken, sondern Er sucht nach Möglichkeiten, Ihnen zu helfen und Sie an Seine Brust zu ziehen. „Wenn eure Sünde auch blutrot ist, soll sie doch schneeweiß werden, und wenn sie rot ist wie Scharlach, soll sie doch wie Wolle werden" (Jesaja 1, 18).

Dritte Priorität: Jesus lebt!

Jesus lebt! Der Tod ist besiegt!

Am Ende dieses Lebens müssen wir noch den physischen Tod erleben, aber das ist nicht der eigentliche Tod. Dieser eigentliche Tod, der Tod der Seele, der ist besiegt.

Als Jesus den zweiten Tod schmeckte, erfuhr Er an sich selbst das Gericht Gottes über die Sünde. Den leiblichen Tod schmeckte Er nicht für uns, denn wir müssen ja immer noch sterben; aber Er möchte uns wissen lassen, daß wir uns um den zweiten Tod keine Sorgen machen müssen, weil Er ihn schon für alle erlitten hat, die Ihm vertrauen.

Der Engel erinnerte mich daran, wie vollkommen Gottes Plan ist, und zeigte mir dabei Apostelgeschichte 2, 24. Dort heißt es: „Wie es denn unmöglich war, daß Er vom Tode festgehalten werden konnte." Warum war es unmöglich? Weil es im Himmel schon feststand, daß Er, Jesus, Tod und Hölle besiegen würde. Satan war überwunden!

Im Hebräerbrief, im 2. Kapitel, finden wir eine sehr schöne Beschreibung dessen, was Jesus für uns tat: „Den aber, der »eine kurze Zeit niedriger gewesen ist als die Engel«, nämlich Jesus, sehen wir durch seine Todesleiden »gekrönt mit Herrlichkeit und Ehre«, damit Er durch die Gnade Gottes für alle den Tod schmecken sollte. Denn Gott kam es zu — um dessentwillen das All ist und durch den es besteht und der viele Söhne zur Herrlichkeit geführt hat —, daß Er den Begründer ihres Heils durch Leiden vollendete. Denn Er, der heiligt, und sie, die geheiligt werden, kommen alle von *einem* her; darum schämt Er sich auch nicht, sie Brüder zu nennen, und spricht: »Ich will Deinen Namen meinen Brüdern verkündigen und mitten in der

Gemeinde Dir lobsingen.« Und wieder: »Ich will Mein Vertrauen auf Ihn setzen«; und dann: »Siehe, hier bin Ich und die Kinder, die Mir Gott gegeben hat.« Weil nun die Kinder von Fleisch und Blut sind, hat auch Er die gleiche Art angenommen, um durch Seinen Tod den zu vernichten, der die Macht über den Tod hat, das ist der Teufel, und um die zu erlösen, die durch Todesfurcht ihr Leben lang Sklaven sein mußten" (Hebräer 2, 9—15).

Als die Leute, die Jesus zum Tode verurteilten, sahen, wie Er in den Seinen fortlebte, erkannten sie, daß sie nicht mehr den *einen* Jesus hatten, den sie beseitigen mußten, sondern viele! Es war tatsächlich so, denn alle, die Ihm dienten, strahlten Sein Leben und Seine Kraft aus. Wer heute bezeugen will, daß Jesus lebt, kann es am besten dadurch, daß er Jesus in sich leben läßt.

Vierte Priorität: Die Verheißung des Heiligen Geistes

Gott macht Seine Pläne rechtzeitig! Es war kein plötzlicher Einfall, Seinen Kindern Kraft zu verleihen. Diese große Verheißung bestand vor Grundlegung der Welt. Sie wurde lange vor Gründung der Gemeinde in die prophetischen Schriften der Bibel aufgenommen. Die Verheißung des Heiligen Geistes gehört zu den wichtigsten Bestandteilen von Gottes Erlösungsplan für Sein Volk.

Gott wollte, daß jeder einzelne von uns dem Bilde Seines Sohnes gleich sein sollte. Wir sollten mit unverhülltem Angesicht die Herrlichkeit des Herrn wie in einem Spiegel schauen und dadurch in Sein Bild verwandelt werden von einer Herrlichkeit zur andern. Um einen jesusähnlichen Dienst zu tun, brauchen wir dieselbe Kraft, die Jesus auch hatte. Wenn wir so sein wollen wie Jesus, brauchen wir die Kraft des Heiligen Geistes!

Viele Menschen heute halten es für unmöglich, daß wir diese Kraft des Heiligen Geistes bekommen können. Andere sind der Meinung, daß kein Engel mir diese Botschaft gegeben haben kann: „Über die Geistestaufe würde ein Engel nie reden, denn das ist ein umstrittenes Thema. Ein Engel würde bestimmt neutral bleiben!" Gabriel machte keine Bemerkung darüber, ob dieses Thema umstritten sei oder nicht. Er sagte ganz schlicht und einfach, daß diese Wahrheit heute zu Gottes Prioritäten gehört!

Fünfte Priorität: Geht hin in alle Welt!

Die fünfte Priorität erläuterte mir eines Tages Gabriel, als er sich im Gemeindebüro mit mir unterhielt. Während er sprach, ging er auf und ab. Zum ersten Mal sah ich ihn mit sehr ernstem Gesichtsausdruck. Er sagte, Gott mache sich Sorgen darüber, daß Menschen Seine Botschaft zwar hören und für die Wahrheit erweckt werden, dann aber wieder einschlafen. Gott gibt dem Missionsbefehl heute höchste Priorität; wir sollen IN ALLE WELT GEHEN! Jesus sagte ja: „Geht hin in alle Welt und predigt das Evangelium!" Gottes Botschaft heißt heute: „Du kannst jetzt zu Mir kommen! Der Zaun ist abgebrochen! Du bist durch den Tod Meines Sohnes mit Mir versöhnt!" Dies ist das Evanglium, das wir der ganzen Schöpfung zu predigen haben.

Gott hat uns Seinen Plan geoffenbart und uns mit dem Heiligen Geist erfüllt. Nun sagt Er: „Geht hin!" In dieser Zeit schickt Gott besonders Engelheere aus, um die Menschen zu sich hin zu ziehen. Gott möchte den Menschen sagen, daß Er alles einsetzen will, um sie zu erreichen.

Eines Tages offenbarte mir Gabriel, daß die Engel auf jedem Berg, in jedem Baum und sogar in den unterirdischen Höhlen plaziert sind, um Männer und Frauen ausfindig zu machen, die vor Gott weglaufen. Dort vollbringen die Engel alles, was wir Menschen nicht tun können. Wir haben ja nur begrenzte Möglichkeiten, sie nicht. Gott sagt jedem einzelnen: „Du sollst wissen, daß ich dich in Meinem Herzen eingeschlossen habe. Du darfst zu Mir kommen!"

Viele Menschen haben ihren Blick auf die Sünde und nicht auf den Herrn gerichtet. Wenn sie dann predigen, wettern sie dauernd über den schrecklichen Zustand dieser Welt und wie schlimm die Sünde sei. Aber diese Botschaft steht gar nicht auf der Liste von Gottes Prioritäten. Vor allen Dingen will Er den Menschen sagen, daß es einen *Ausweg* aus der furchtbaren Knechtschaft der Sünde gibt. Die Menschen wissen ja schon, wie schlimm die Sünde ist. Wer sowieso von der Sünde gebunden und gefangen ist, der will das nicht auch noch von anderen hören. Gott sagt, daß Er Seinen eingeborenen Sohn nicht in die Welt sandte, um die Welt zu verurteilen, sondern um einen Ausweg zu schaffen! Wir sollten unseren Blick auf den Sohn, nicht auf die Sünde, richten. Gott möchte, daß wir Jesus als den Erhöhten sehen, damit Er alle Menschen zu sich ziehen kann.

Es sind Menschen zu mir in die Seelsorge gekommen, die schwerste Bürden mit sich herumschleppten und richtig gespürt haben, wie die Engel sie vorwärts schoben und der Heilige Geist zu ihnen redete. Sie bekamen so einen Hunger nach Gott, daß sie von Kirche zu Kirche gingen, um Ihn zu suchen. Aber dort hörten sie immer nur Botschaften darüber, wie schlimm alles sei. Man predigte darüber, daß die ganze Welt im Argen liegt, und sie mußten leeren Herzens wieder weggehen.

Einmal kam ein Mann zu mir ins Büro und fragte, ob es irgendwo noch Hilfe für ihn geben könne. Er sagte: „Diese Gemeinde ist die fünfte, die ich aufgesucht habe, um Gott zu suchen. Ich muß Ihn unbedingt finden!“

Ich antwortete: „Hier sind Sie richtig!“ Ich fragte ihn nicht einmal nach seiner Sünde, ich sagte nur: „Wenn Sie meine Hände auf Ihrem Kopf spüren, dann rufen Sie, so laut Sie können, den Namen Jesus aus. Er ist es, der Sie hierher gebracht hat; Er wartet darauf, daß Sie jetzt zu Ihm kommen.“ Der Mann rief das eine Wort: „JESUS!“ und der Herr erhörte ihn sofort und schenkte ihm ein ganz neues Leben.

Sechste Priorität: Das Sühneopfer Jesu gilt für immer

An diese Wahrheit muß man die Menschen ständig erinnern. Das Werk, das Jesus für sie vollbrachte, ist *ein ewiges Werk!* Jesus hat dieses Werk nicht einfach vollbracht und dann vergessen. Vielmehr sollte es uns helfen und bis zum Ziel durchs Leben begleiten. Dieses Werk bedeutet Versöhnung, bedeutet einen neuen Anfang. Gabriel sagte mir, es sei äußerst wichtig, daß die Menschen das Sühneopfer Jesu kennen und verstehen. Sie müssen begreifen, daß der Segen der Versöhnung weite Kreise zieht. Jeden Tag unseres Lebens können wir diesen Segen an Geist, Seele und Leib erfahren.

Alle unsere Sünden sind durch den Sühnetod Jesu zugedeckt. Jetzt kann uns Gott ansehen und annehmen. Gabriel sagte, daß wir ohne dieses Sühneopfer nicht angenommen werden können. Aber gerade weil die Menschen von Furcht geplagt sind, will Gott ihnen sagen, daß Er vor Grundlegung der Welt plante, ihre Sünden mit Jesu Sühneopfer zuzudecken. Darum sagt Gott (Epheser 1, 4): „Denn in

Ihm (Christus) hat Er uns erwählt vor der Schöpfung der Welt, damit wir heilig und untadelig vor Ihm sein sollten."

Davon redet Gott ebenfalls im Judasbrief, Verse 24 und 25: „Dem aber, der euch vor dem Straucheln behüten und unter Frohlocken untadelig vor Seine Herrlichkeit stellen kann ..." Das Sühneopfer bedeckt, bereinigt und entfernt unsere Schuld. Wir könnten Gott weder gefallen noch dienen, wenn wir stets befürchten müßten, Er würde nur darauf warten, uns bei irgendeiner verborgenen Sünde zu erwischen. Aber wir dürfen wissen, daß unser ganzes Leben zugedeckt ist, solange wir Ihm glauben und vertrauen.

Diese Botschaft ist so dringend notwendig, weil niemand Gott von Herzen dienen kann, ohne in Ihm geborgen zu sein. Wer darüber Gewißheit hat, braucht sich nie wieder zu fürchten!

Gott sagt zwar, daß Er niemand gern von sich fortgehen läßt; aber es gibt doch zwei Sünden, die uns aus dem Wirkungsbereich des Sühneopfers entfernen können. Sie heißen Rebellion und Götzendienst. Aber mit Ausnahme dieser beiden Sünden können uns die üblichen Verfehlungen in unserem täglichen Leben nicht von Gott trennen und uns nicht aus dem Schutzbereich des Blutes Jesu ziehen. Also dürfen auch Sie ganz entspannt und froh für den Herrn leben; Er arbeitet ja an Ihnen!

Wenn Engel reden, dann reden sie nicht aus sich selbst, sondern sie überbringen eine Botschaft direkt aus dem Herzen Gottes. Gott will Ihnen sagen, daß Sie in Ihm absolut geborgen sind!

Siebente Priorität: Die Wiederkunft Jesu

Gott will uns sagen, daß wir uns auf jenen großen Tag vorbereiten sollen, an dem der Herr Jesus wiederkommen wird. Für alle die, deren Namen im Lebensbuch des Lammes geschrieben stehen, wird jener Tag die Herrlichkeit bringen. Aber solche, die nicht dort geschrieben stehen, gehen in die ewige Verdammnis. Wir haben heute die Wahl, und die ist ganz einfach: entweder wir dienen Jesus oder wir folgen Satan in seine ewige Verdammnis.

Wir sollten uns einmal das Ergebnis unserer persönlichen Entscheidung anschauen:

„... siehe, da standen zwei Männer in weißen Gewändern bei

ihnen. Die sagten: Ihr Männer von Galiläa, was steht ihr da und seht zum Himmel? *Dieser Jesus,* der von euch weg in den Himmel aufgenommen wurde, *wird auf dieselbe Weise wiederkommen,* wie ihr Ihn habt zum Himmel fahren sehen" (Apostelgeschichte 1, 10—11).

„Euch aber lasse der Herr wachsen und immer reicher werden in der Liebe zueinander und zu jedermann, wie auch wir sie zu euch haben, damit eure Herzen gestärkt werden und untadelig sind in Heiligkeit vor Gott, unserm Vater, *wenn unser Herr Jesus kommt mit allen Seinen heiligen Engeln"* (1. Thessalonicher 3, 12—13).

„Und ich sah einen großen, weißen Thron und den, der darauf saß; und vor Seinem Angesicht flohen die Erde und der Himmel, und ihr Platz fand sich nicht mehr. Und ich sah die Toten, große und kleine, vor dem Thron stehen, und Bücher wurden aufgetan. Und ein anderes Buch wurde aufgetan, das ist das Buch des Lebens. Und die Toten wurden gerichtet nach dem, was in den Büchern geschrieben steht, nach ihren Werken. Und das Meer gab die Toten heraus, die darin waren, und der Tod und sein Reich gaben die Toten heraus, die darin waren; und sie wurden gerichtet, jeder nach seinen Werken. Und der Tod und die Totenwelt wurden in den feurigen Pfuhl geworfen. *Und wen man nicht im Buch des Lebens aufgeschrieben fand, der wurde in den feurigen Pfuhl geworfen"* (Offenbarung 20, 11—15).

„Und ich sah keinen Tempel in der Stadt; denn der Herr, der allmächtige Gott, ist ihr Tempel, Er und das Lamm. Und die Stadt braucht weder Sonne noch Mond, damit es hell in ihr wird; denn die Herrlichkeit Gottes erleuchtet sie, und ihr Licht ist das Lamm. Und die Völker werden im Licht dieser Stadt leben; und die Könige auf Erden werden ihre Herrlichkeit in sie bringen. Und ihre Tore werden nicht geschlossen werden, am Tag nicht, und Nacht gibt es ja dort nicht mehr. Und man wird die Pracht und den Reichtum der Völker in sie bringen. Aber nichts Unreines wird hineinkommen und keiner, der mit Greueltat und Lüge umgeht, *sondern nur, wer im Lebensbuch des Lammes geschrieben steht"* (Offenbarung 21, 22—27).

Für alle, die sich für Jesus entscheiden, ist Seine Wiederkunft das große Ereignis, auf das sie sich mit den Engeln im Himmel freuen.

Als Gabriel diese Botschaft über Gottes Prioritäten zu Ende gesagt hatte, meinte er, sie sei ein so wichtiger Teil des göttlichen Planes, daß sie schon vor Grundlegung der Welt festgelegt worden sei.

Dann wies er mich auf 3. Mose 23 und die Pläne hin, die Gott Mose für die Stiftshütte gab. Die Stiftshütte ist ein kleines Modell von Gottes großem Heilsplan. Zu meinem Erstaunen zeigte mir Gabriel, wie jede dieser großen Prioritäten zu einem der alten Feste in Israel in Beziehung steht.

Ich mußte bewundern, wie Gott die alttestamentlichen Pläne benutzt, um uns zu zeigen, was Er heute mit uns vorhat.

Erste Priorität: Das Blut Jesu
Fest: Des Herrn Passah

Dieses Fest war ein Schattenbild auf den Tod Christi und auf das teure Blut Jesu. Es wurde schon vor Grundlegung der Welt eingesetzt.

Die Blutsverwandtschaft zwischen Gott und Seinen Kindern liegt im Blut Jesu. Dieses Blut ist der rote Faden der Heilsgeschichte durch die ganze Bibel. Das Volk Israel wurde in Ägypten dadurch erlöst, daß sie die beiden Türpfosten und die obere Schwelle ihrer Häuser mit Blut bestrichen. Ihre Häuser wurden dadurch bedeckt, so daß der Verderber an ihnen vorüberging und den Erstgeborenen jeder Familie nicht tötete. Unser großes Passah wurde vollendet, als Jesus über die himmlischen Bücher Sein Blut sprengte und dadurch unsere Sünden tilgte, so daß Gott uns annehmen und zu Gliedern Seiner Ewigkeitsfamilie machen konnte.

Die erste Priorität also, die Gabriel mir zeigte, war *das Blut Jesu,* und das erste jährliche Fest war *des Herrn Passah.*

Zweite Priorität: Gemeinschaft mit Gott
Fest: Fest der ungesäuerten Brote

Dieses Fest wurde sieben Tage lang direkt nach dem Passah gefeiert. Als Jesus durch Sein Blut die Erlösung von der Sünde erwarb, deckte Gott sofort danach unsere Sünden zu. Das heißt nicht, daß Er die Sünde guthieß, sondern nur, daß Er uns einen Weg bahnte, auf dem wir vor Ihm gerecht sein können.

Sauerteig ist ein Schattenbild auf die Sünde. Am Fest der ungesäuerten Brote durften die Israeliten kein gesäuertes Brot essen, um darzustellen, daß die Sünde getilgt wurde. Unter dem Neuen Bund konnte wieder gesäuertes Brot benutzt werden: Gott hatte die Sünder gerechtfertigt. Unsere *Sünde, Schuld und Versagen* ist durch das Blut zugedeckt; Gott sieht uns jetzt als *heilig, schuldlos und vollkommen* an. Aber wer sich freiwillig für Rebellion und Götzendienst entscheidet, der entzieht sich dieser Wirkung des Blutes. Wer sich jedoch für den Gehorsam entscheidet, eignet sich diese Wirkung des Blutes an, denn er entscheidet sich dafür, Gott zu lieben und Ihm mehr als sich und den sündlichen Gelüsten zu dienen.

„Denn mit *einem* Opfer hat Er für immer die vollendet, die geheiligt werden sollen. Das bezeugt uns auch der Heilige Geist. Denn nachdem der Herr gesagt hat: »Das ist der Bund, den Ich mit ihnen schließen will nach diesen Tagen«, spricht Er: »Ich will Mein Gesetz in ihr Herz geben und es in ihren Sinn schreiben, und an ihre Sünden und ihre Ungerechtigkeit will Ich nicht mehr denken«" (Hebräer 10, 14—17).

Dritte Priorität: Jesus lebt!
Fest: Fest der Erstlingsfrüchte

Gabriel sagte, daß dieses Fest die Auferstehung Jesu und Sein Leben darstellt. Nicht nur lebt Er, sondern es steht auch im Buche Gottes geschrieben, daß wir, die Seinen, Ihm in der großen Auferstehung nachkommen werden. Das hat unser großer Gott verheißen!

Vierte Priorität: Die Verheißung des Heiligen Geistes
Fest: Das Pfingstfest

Das Kommen des Heiligen Geistes zu Pfingsten war kein nachträglicher Einfall Gottes. Er hatte alles schon vor Grundlegung der Welt geplant. Das Wort „Pfingsten" bedeutet eigentlich „fünfzig"; das Pfingstfest fand 50 Tage nach dem Passah statt. Es war kein Zufall, daß Jesus den Jüngern sagte, sie sollten in Jerusalem bleiben. Gottes Plan machte nämlich Fortschritte, und genau 50 Tage nach dem Passah geschah etwas Neues, etwas Gewaltiges.

Am Pfingsttage waren die Jünger wie einzelne Weizenhalme vor dem Herrn. Als sie sich in Jerusalem versammelten, waren sie noch nicht zu einer Einheit verschmolzen. Es gab noch keine Gemeinde.

Zu Pfingsten wollte Gott sagen: „Nehmt den Weizen, macht Mehl daraus und backt damit Brote. Aber dann mischt etwas Sauerteig hinein, denn die Gemeinde wird nie sündlos sein." Gott hat unsere Sünde zugedeckt, aber unter der Deckung ist die Sünde noch da, solange wir leben.

Er deckt Seine Gemeinde zu, obwohl noch Sauerteig der Sünde vorhanden ist. Durch den Heiligen Geist und die Kraft des Blutes Jesus reinigt Er uns. Gott meint sozusagen: „Mahlt den Weizen, macht Mehl daraus und backt damit Brote. Daraus soll eine Einheit werden, die Meinen Leib bildet. Er wird nicht mehr aus vereinzelten, voneinander abgesonderten Gläubigen bestehen. Mein Leib wird in der Kraft des Heiligen Geistes zusammenkommen und zu einer Einheit verschmolzen werden. Mein Leib ist nicht vollkommen, wie einige Leute denken. Tut Sauerteig hinzu, denn dieses Brot soll die Gemeinde so darstellen, wie sie ist."

Ich möchte Sünde keinesfalls entschuldigen; aber ich bin doch froh darüber, daß Gott Vorsorge getroffen hat, denn Er kümmert sich um ALLE Dinge und liebt uns trotz aller unserer Unvollkommenheiten.

Die Geistestaufe ist im Willen Gottes allen Christen zugänglich. Sie ist eine notwendige Erfahrung, damit wir so leben und handeln können, wie Gott es will.

Gottes Geist muß Wohnung in uns nehmen. Dann sollten wir Ihn nie dämpfen, nie den Strom Seiner Kraft zurückdrängen. „Den Geist löscht nicht aus" (1. Thessalonicher 5, 19).

Die Geistestaufe rüstet uns mit Kraft aus, damit wir Jesus ähnlich werden können. Sie ist ein wichtiger Teil des göttlichen Heilsplanes. Das kann niemand abstreiten! Sein Wort bleibt ewig und gilt soweit der Himmel reicht!

Fünfte Priorität: Geht hin in alle Welt
Fest: Das Fest der Posaunen

Nach dem Pfingstfest wurde das Fest der Posaunen gefeiert, wo das Volk zusammenkam, um „zum Gedächtnis" in die Posaunen zu blasen. Wir haben eine Gute Nachricht, die wir hinausposaunen sollten! Wir sollten dort hingehen, wo die Menschen Jesus noch nicht kennen und vor ihnen die Botschaft hinausposaunen, daß Jesus rettet. Sein Werk ist vollbracht!

Die Nachricht ist gut! Sie dürfen jetzt zu Gott kommen! Christus hat den Teufel besiegt! Wir sollten die Botschaft hinausposaunen. Das meinte Jesus, als Er sagte: „Ihr werdet die Kraft des Heiligen Geistes empfangen, der auf euch kommen wird, und ihr werdet Meine Zeugen sein in Jerusalem, in ganz Judäa und Samarien und bis an die Enden der Erde“ (Apostelgeschichte 1, 8).

Sechste Priorität: Das Sühneopfer Jesu gilt für immer
Fest: Der Versöhnungstag

Der Versöhnungstag sollte Israel daran erinnern, daß ihre Bewährungsfrist abgelaufen war und die Sühne erneuert werden mußte. Das jährliche Sühneopfer mußte dargebracht werden. An diesem Tag blickte Gott auf alle Sünden zurück, die das Volk im vergangenen Jahr begangen hatte, und das Volk stand hilf- und hoffnungslos vor dem Angesicht des Allmächtigen.

Darum wurden dem Volk auch gewisse Leitlinien gegeben, denen sie gehorchen mußten, damit Gott ihnen eine Gnadenfrist schenken konnte. Das jährliche Sühneopfer konnte niemals einen Menschen zur Vollendung bringen; aber es konnte dem Volk eine weitere Bewährungsfrist erwirken (s. 3. Mose 23, 27 und Lukas 1, 8—12).

Wenn wir wiedergeboren sind und neues Leben aus dem Geist erhalten haben, müssen wir uns nicht mehr bewähren. Durch das Opfer Jesu sind unsere Sünden ein für allemal zugedeckt!

Aber wie steht es mit denen, die sich dem Schutz des Blutes entziehen? Wie Gott damals unter dem alten Gesetz einen Ausweg für solche Menschen schuf, so bietet Er ihnen heute ebenfalls einen Ausweg, nämlich durch Buße und Rückkehr in die Gemeinschaft mit Gott. Es gibt keine Sühneopfer mehr, sondern nur diesen einen Weg zu Gott zurück!

„Wenn wir aber unsre Sünden bekennen, ist Er treu und gerecht und vergibt uns die Sünden und macht uns rein von aller Ungerechtigkeit“ (1. Johannes 1, 9).

Siebte Priorität: Die Wiederkunft Jesu
Fest: Das Laubhüttenfest

Gott möchte, daß wir für immer bei Ihm sein sollen. Das Laubhüttenfest war eine durchaus freudige Feier. Am ersten Tag sollte das Volk die Laubhütten aus den mit Obst beladenen Ästen von Obstbäumen, aus Palmblättern und Ästen von anderen Bäumen bauen. Dabei freuten sie sich vor dem Herrn, ihrem Gott. Die Laubhütten waren sieben Tage lang ihre Wohnung, wo Gott unter ihnen wohnte.

Schon vor langer Zeit sagte mir Gott: „Ich will dich dorthin führen, wo Ich bin. Durch Meinen Geist will Ich bei dir wohnen, dann will Ich dich zu Mir holen, daß du ewig bei Mir wohnest."

Das Laubhüttenfest wurde nicht auf Anordnung eines Theologenausschusses eingeführt. Gott selbst befahl Mose, dieses Fest einzusetzen, „denn Ich möchte unter Euch wohnen". Man kann sich der Botschaft der Wiederkunft Christi nicht entziehen, und auch nicht der Tatsache, daß Gott uns zu sich holen will, damit wir bei Ihm wohnen. Der Plan wurde im Himmel entworfen, und es wird sich alles genauso abspielen, wie Gott gesagt hat.

Wir haben die Gewißheit, daß unsere Sünden durch Gottes Gnade zugedeckt sind. Er sieht nicht mehr unsere Sünde, Schuld und Versagen, sondern Er sieht Jesus und uns in Ihm — heilig und ohne Makel und Tadel (Kolosser 1, 22). Aufgrund Seines vollbrachten Opfers haben wir die Ruhe von unseren Werken. Unser festes Vertrauen auf diesen vollkommenen Plan Gottes wird dazu beitragen, daß sich auch andere für den großen Tag zubereiten, wenn Er zurückkommen wird, um uns zu sich zu nehmen.

Das Laubhüttenfest war das letzte Fest, das Gott Mose zeigte. In gleicher Weise wird die Wiederkunft Jesu Gottes großen Heilsplan zum Abschluß bringen. Halleluja!

Kapitel 7

Er schmeckte den Tod

Einmal, während die Engel mit mir redeten, zeigte mir Gott Jesus als das geschlachtete Lamm... Es hat mir das Herz gebrochen... Als diese Wahrheit in Bildform vor meinen Augen vorüberzog, sah ich Ihn in Todesbanden liegen.

...Dann sah ich, wie das kleine Lamm anfing, sich aufzurichten. Bald wurde es zu einem mächtigen Widder mit sieben Hörnern und hatte sieben Augen... „Du hast Ihn als Lamm sterben sehen; siehe, wie Er nun als Sieger aufersteht. Ihm ist gegeben alle Gewalt im Himmel und auf Erden."

Eines Morgens früh sprach der Heilige Geist zu mir: „Schreibe und bewahre die Worte, die Ich zu dir sprechen werde. Sie werden für viele zu einem Licht werden. Ich will nicht nur durch dich wirken, sondern diese Worte begleiten und ihnen Leben verleihen, wohin Ich sie auch sende. Also habe ich den Botschaften, die dir vom Engel des Herrn überbracht wurden, schon Flügel gegeben. Fürchte dich nicht davor, in Seinem Namen zu reden, denn die Worte, die Ich dir geben werde, sind nicht deine Worte, sondern Seine Worte, sie stehen ewig fest. Sind sie nicht in Seinem ewigen, lebendigen Wort zu finden? Längst verschlossene Türen zu vielen Völkern und Nationen werden sich diesen Worten öffnen. Ich bin der Befehlshaber der Heerscharen des Herrn, und Ich habe sie in diesen Tagen hinausgesandt, um ein Volk zur Ehre Seines Namens hineinzubringen, auf daß sie sich auf jenen großen Tag des Herrn vorbereiten. Meine Engel werden diese Worte vom Vater begleiten und die Menschen zubereiten. Sie werden die Mächte der Finsternis vertreiben und sich in Liebe um die Menschenmassen kümmern, die diese Botschaften hören werden."

Viele Menschen reagieren mit sehr gemischten Gefühlen, wenn wir ihnen von übernatürlichen Erlebnissen berichten. Wenn ich von den Engelbesuchen erzähle oder eine Botschaft weitergebe, die mir gebracht wurde, kann ich bei den verschiedenen Zuhörern die verschiedensten Reaktionen beobachten. Für die meisten Zuhörer ist meine Botschaft ein wenig ungewohnt, doch verschwindet ihre Skepsis recht bald, wenn sie der Botschaft ihre volle Aufmerksamkeit widmen. Diese Menschen wollen im Grunde hören, daß Gott sich heute Seinem Volk auf besondere Weise offenbart.

Seit jenem Morgen, als ich diese Worte aufschreiben und bewahren sollte, hat der Herr weiter an mir gearbeitet. Ich ließ mir die Botschaft sehr oft durch den Kopf gehen und fragte mich dabei: „Was ist der eigentliche Kern dieser Offenbarung? Welche Wahrheit möchte Gott der Welt weitersagen? Kann es sein, daß Gott heute Engelwesen mit Seinen Botschaften schickt, weil wir Menschen Ihn sonst mißverstanden hätten?"

Gott will uns bestimmt kein neues Wort geben. Aber Er nimmt Sein ewiges Wort, die Bibel, und erleuchtet es in ganz neuer Weise, so daß es für uns lebendig wird.

Eine Frage ließ mich nicht los: „Gott, was ist der Kern der Botschaft, die Du der Welt sagen lassen willst?" Als ich dann über all die fantastischen Botschaften nachdachte, die Gott mir durch die Engel gab, wurde mir klar, daß alles um einen Mittelpunkt kreist. Dieser Mittelpunkt ist eine Offenbarung des wahren Wesens von Gottes Vaterherzen. Die Kernbotschaft, der Höhepunkt der Bibel, das Zentrum aller Geschichte, ja, der Kern der göttlichen Botschaft an uns heute ist: DER OPFERTOD JESU!

Jesus kam von des Vaters Brust. Das Wort sagt uns, daß Jesus schon vor Grundlegung der Welt ein geschlachtetes Lamm war (Offenbarung 13, 8). Als Jesus sich selbst als Opfer darbrachte, offenbarte Er uns Menschen das Wesen Gottes. Der Mittelpunkt allen göttlichen Handelns ist die vollendete Opfertat Jesu, der am Kreuze hing und ausrief: „*Es ist vollbracht!*" Dieses Opfer Jesu war in der Tat der Kern der göttlichen Botschaft, die Offenbarung Seines Wesens!

Christus ist auch zum Mittelpunkt der Gesellschaft und der Zivilisation geworden. Die Geschichte wird vor und nach Christus datiert. Wo immer Christus und Seine Botschaft im Laufe der Geschichte gepredigt worden sind, da strahlte Gottes Licht in die Situation hinein. Und da, wo man diese Botschaft nicht predigte, oder wo man sie ablehnte, da blieb es finster. Christus ist die Mitte des Lebens. Ohne Jesus wäre alles Leben sinn- und zwecklos.

O Gott, laß uns nach dieser Botschaft nie wieder so sein wie vorher! Wir werden sehen, erkennen, besitzen und leben, weil Christus für uns starb. Schenke, Gott, daß wir jetzt die Gelegenheit ergreifen können, diesen Vertrag, den Du im Blut Jesu mit uns gemacht hast, zu prüfen und anzunehmen! Laß uns erkennen, daß Du etwas Besonderes für uns getan hast!

Jesus wurde nicht bloß körperlich, nicht bloß in Seiner menschlichen Natur zu Tode gemartert. Tausende von Menschen haben einen ähnlichen qualvollen Tod erlitten. Damals auf Golgatha ging es um einen anderen Tod. Es ging nicht darum, daß Jesu Herz aufhörte zu schlagen, daß Er nicht mehr atmete, daß Seine Lebenskraft zu Ende war. Nicht einmal ging es darum, daß Er von Seinen Freunden, Verwandten und Jüngern verlassen wurde. Diese Qualen kennen andere Menschen auch.

Gott sagte Adam und Eva, daß sie an dem Tag sterben würden, an dem sie von der Frucht des Baumes der Erkenntnis essen würden. Und das Wort sagt uns, daß die Seele, welche sündigt, sterben soll!

Gott kennt jeden Menschen, der jemals lebte, gleich, ob er eine Beziehung zu Jesus hatte oder nicht. Gott kennt sogar den Gottlosen! Auch Sündern streckt Er Seine Arme entgegen. In Gottes Wort heißt es, daß Gott uns so sehr liebt, daß Er den Christus sandte, um für uns zu sterben. All das geschah, bevor wir Ihn kannten, während wir noch Seine Feinde waren. Christus starb nicht, um den irdischen Tod aufzuheben, denn wir müssen alle entweder sterben oder verwandelt werden, um diesen sterblichen Leib abtun zu können.

Der Mensch aber wird deswegen sein Leben lang von Todesfurcht gequält, weil es einen zweiten Tod gibt, den er auch noch erleben muß. Und diesen zweiten Tod hat Jesus an unserer Stelle erlitten. Als Er dort am Kreuz hing, erlitt Er nicht nur rein körperliche Qualen, obwohl Er auch körperlich alles litt, was es zu leiden gibt. Seine Qualen entstanden auch nicht allein dadurch, daß Er von Seinen Lieben im Stich gelassen wurde. Jesus erlitt vielmehr Schmerzen, die sogar die Gottlosen, solche, die von Gott getrennt waren, nie gelitten hatten. Denn auch Gottlose haben nie erlebt, was das heißt, die letzte Hoffnung zu verlieren und die Worte zu hören: „Gehe ein in die ewige Verdammnis!"

Hier auf dieser Erde haben sie nie die Hoffnungslosigkeit und Verzweiflung gespürt, die davon kommen, daß man ganz und gar von Gott verlassen wird. Jesus erlitt die Qualen einer verdammten Seele! Aus tiefstem Herzen rief Er: „O Gott, warum hast Du Mich verlassen?" Und dann ergriffen Ihn die eisigen Finger der ewigen Verdammnis, und Er kam unter das Gericht Gottes. In jenem Augenblick war Er ganz und gar allein!

O Gott! O Gott! O Gott! O Gott! Diese Wahrheit möchte ich den Menschen klarmachen! Herr, zeige Du uns gerade jetzt, was Du für uns getan hast! Zeige uns Deine große Liebe, die Deinen Sohn zu unserem Stellvertreter werden ließ!

Der Geist sagte mir, ich sollte Ihnen die Botschaft sagen, daß auch Ihre Sünde gerichtet ist; die Barrieren zwischen Gott und Ihnen sind schon abgebrochen, durch Seine Kraft sind Sie frei; Sie können wieder zur Unschuld zurückkehren, zu der Stellung, die für uns Menschen gedacht war. Sie können die Gemeinschaft und Nähe Gottes erleben!

Wie wichtig muß diese Botschaft sein, denn bei jedem Engelbesuch wurde ich daran erinnert. Ich kann mich noch entsinnen, wie Gabriel das erste Mal kam. Er zeigte mir eine herrliche Wahrheit aus Sacharja 3. Er sagte zu mir: „Du kennst das Opfer Jesu vom irdischen, menschlichen Standpunkt; möchtest du es nicht von Gottes Standpunkt aus betrachten?"

In einem Augenblick erlaubte er mir, Jesus als das makellose Lamm Gottes zu sehen, welches vom Vater ausging und auf diese Erde kam. Dann sagte Gabriel: „Siehe, wie Er jetzt in den Himmel zurückkehrt!" Dann sah ich Jesus gebeugt; Er trug priesterliche Kleider, die zerrissen und befleckt waren mit dem Schmutz dieser Welt. Ja, sie waren vermodert und stanken nach all der Sünde dieser Welt. Mit gesenktem Haupt trat Jesus in die Gegenwart Gottes. Es hat mir das Herz gebrochen, als ich es sah. Jesus erschien mir ganz anders, als ich Ihn sonst gesehen hatte. Ich sah, wie Er aus der Finsternis der Hölle kam und in den Himmel hineinging. Er trug die Sünden der ganzen Welt auf sich.

Während Jesus gesenkten Hauptes dastand und Gott Ihm den Rücken kehrte, sprach Gabriel, der Engel des Herrn, mit lauter

Stimme und sagte: „Nehmt Ihm diese schmutzigen Kleider ab, bringt sie an einen Ort, wo sie nie wieder gefunden werden können, und zieht Ihm die neuen königlichen und priesterlichen Gewänder an!" Dann zogen Ihm die Engel, die vor Gott standen, die Gewänder an, und Gabriel sagte: „Nehmt eine Krone und setzt sie auf Sein Haupt!" Auf der Krone stand eine Botschaft geschrieben: „Heilig dem Herrn!" Das heißt: Alle, die Mir nachfolgen, sind heilig; nimm sie um Meines Opfers willen an! Da stand es geschrieben, auf dieser Krone. Jesus wurde zu unserem König und Hohenpriester!

Ich hatte das dritte Kapitel des Propheten Sacharja schon so oft gelesen, doch war es mir noch nie eingefallen, daß der Name Josua im Griechischen „Jesus" heißt. Der Engel mußte mich daran erinnern, damit ich erkennen konnte, wie Jesus in den Himmel zurückgekehrt war. Ich möchte hier das ganze Kapitel wiedergeben, damit auch Sie sehen können, wie Gott diese wunderbare Prophetie erfüllte, wie Er es mir auch in der Vision zeigte:

„Und Er ließ mich den Hohenpriester Josua sehen, wie er vor dem Engel des HERRN stand, und der Satan stand zu seiner Rechten, um ihn zu verklagen. Und der Engel des HERRN sprach zu dem Satan: Der HERR schelte dich, du Satan! Ja, der HERR, der Jerusalem erwählt hat, schelte dich! Ist dieser nicht ein Brandscheit, das aus dem Feuer gerettet ist? Josua aber hatte unreine Kleider an und stand vor dem Engel, der anhob und sprach zu denen, die vor ihm standen: Tut die unreinen Kleider von ihm! Und er sprach zu ihm: Sieh her, ich nehme deine Sünde von dir und lasse dir die Feierkleider anziehen. Und er sprach: Setzt ihm einen reinen Kopfbund auf! Und sie setzten ihm einen reinen Kopfbund auf das Haupt und zogen ihm reine Kleider an, und der Engel des HERRN stand dabei. Und der Engel des HERRN bezeugte es Josua und sprach: So spricht der HERR Zebaoth: Wirst du in Meinen Wegen wandeln und Meinen Dienst recht versehen, so sollst du Mein Haus regieren und Meine Vorhöfe bewahren. Und Ich will dir Zugang zu Mir geben mit diesen, die hier stehen. Höre nun, Josua, du Hoherpriester: Du und deine Brüder, die vor dir sitzen, sind miteinander ein Zeichen: denn siehe, Ich will Meinen Knecht, »den Sproß«, kommen lassen. Siehe, auf dem einen Stein, den Ich vor Josua hingelegt habe, sind sieben Augen. Siehe, Ich will auf Ihm eine Inschrift eingraben, spricht der HERR Zebaoth, und *will die Sünde des Landes wegnehmen an einem einzigen*

Tag. Zu derselben Zeit, spricht der Herr Zebaoth, wird einer den anderen einladen unter den Weinstock und unter den Feigenbaum."

Dann wies mich der Engel auf Jesaja 53 hin und machte mir einige Wahrheiten so lebendig, daß ich sie nie wieder vergessen werde. Er fing bei Vers 3 an: „Er war der Allerverachtetste und Unwerteste, voller Schmerzen und Krankheit. Er war so verachtet, daß man das Angesicht vor Ihm verbarg; darum haben wir Ihn für nichts geachtet. Fürwahr, Er trug unsere Krankheit und lud auf sich unsre Schmerzen. Wir aber hielten Ihn für den, der geplagt und von Gott geschlagen und gemartert wäre. Aber Er ist um unsrer Missetat willen verwundet und um unsrer Sünde willen zerschlagen. Die Strafe liegt auf Ihm, auf daß wir Frieden hätten, und durch Seine Wunden sind wir geheilt. Wir gingen alle in die Irre wie Schafe, ein jeder sah auf seinen Weg. Aber der HERR warf unser aller Sünde auf Ihn." Das sind die schmutzigen Kleider, die Er anhatte. „Als Er gemartert ward, litt Er doch willig und tat Seinen Mund nicht auf wie ein Lamm, das zur Schlachtbank geführt wird, und wie ein Schaf, das verstummt vor seinem Scherer, tat Er Seinen Mund nicht auf. Er ist aus Angst und Gericht hinweggenommen. Wer aber kann Sein Geschick ermessen? Denn Er ist aus dem Lande der Lebendigen weggerissen, da Er für die Missetat Meines Volkes geplagt war. Und man gab Ihm Sein Grab bei Gottlosen und bei Reichen, als Er gestorben war, wiewohl Er niemand Unrecht getan hat und kein Betrug in Seinem Munde gewesen ist" (Jesaja 53, 3—9).

Danach stehen in Vers 10 und 11 Worte, die direkt dem Herzen Gottes entspringen: Ich bete, daß Sie so davon ergriffen werden, wie ich damals wurde. „So wollte Ihn der HERR zerschlagen mit Krankheit. Wenn Er Sein Leben zum Schuldopfer gegeben hat..." Gott nahm diese unsterbliche Seele und ließ sie nicht nur ein wenig den Tod schmecken, sondern ließ sie für jedermann den Tod schmecken.

Die Bibel sagt, daß wir Jesus ansehen sollten — wie Er mit Krankheit zerschlagen wurde, wie Sein Leben zum Schuldopfer gegeben wurde. Und dann sehen wir, wie Er eine neue Rasse entstehen ließ! Es waren für Ihn Geburtswehen, Seine Seele mühte sich ab! Im 11. Vers heißt es: „Weil Seine Seele sich abgemüht hat, wird Er das Licht schauen und die Fülle haben." Und im 10. Vers hatte es schon geheißen: „Er wird Nachkommen haben und in die Länge leben, und des HERRN Plan wird durch Seine Hand gelingen." Indem Jesus

Seine Seele als Sündopfer dahingab, ermöglichte Er die Erlösung aller Menschen auf der ganzen Erde!

Aus den Qualen Seiner verdammten Seele kamen die Nachkommen hervor: „Er wird Nachkommen haben." Er sah, wie die Gemeinde entstand. Heute noch sieht Er Seine Nachkommen, Seine Erlösten, Seine Befreiten, die aus Seinem Tode hervorgegangen sind! Wenn Er auf Sie schaut, dann sagt Er sich: „Ich erinnere Mich an die Mühe Meiner Seele. Das ist für Mich Licht und Fülle! Du bist Glied der Familie, du bist erlöst, du bist ein Kind Gottes. Du bist ein Teil dieser neuen Rasse — nicht der jüdischen Rasse, nicht irgendeiner heidnischen Rasse, sondern Bürger des himmlischen Königreichs, einer vom auserwählten Volk, ein König und Priester!"

Als Jesus starb, wurde Er von der Hand Gottes geschlagen, die an Ihm die Sünde der ganzen Welt strafte. In dem Augenblick Seines Todes wurde Jesus gänzlich vom Vater getrennt. Um der Sünde willen kehrte Ihm Gott den Rücken zu!

Der Engel zeigte mir diese Botschaft so klar, daß ich weinen mußte, während ich dort in meinem Bett lag. Ich konnte einfach nicht anders. Wegen meines Schluchzens wurde das Bett sehr geschüttelt, als ich sah, was für einen Preis Jesus bezahlen mußte, und was Sein Opfer für uns bedeutet.

Es gibt viele, viele Menschen, die nie zu Jesus gekommen sind, die sich nicht mit Ihm identifizieren wollen, und die nie erkannt haben, daß Er für sie den Tod schmeckte. Diese Menschen gehen einem Tag entgegen, an dem sie diese Worte hören werden: „Geht weg von Mir, ihr Verfluchten, in das ewige Feuer . . ." (Matthäus 25, 41). Sie werden dort die Qual kennenlernen, die Jesus am Kreuz erlebte. Aber das muß nicht sein! Gott und die himmlischen Heerscharen wirken heute, um Männer und Frauen vor dem Schrecken jenes großen Tages zu erretten.

Sagen Sie jetzt einfach mit lauter Stimme oder auch nur ganz still vor sich hin: „Jesus, danke, daß Du für mich den Tod geschmeckt hast. Danke, daß Du die Anklage vernichtet hast. Es gibt keine Belege mehr, daß ich jemals sündigte." So einfach ist das!

Ich sah im Laufe dieser Vision Jesus als Lamm in Todesbanden liegen. Dann sah ich, wie das kleine Lamm anfing, sich aufzurichten. Bald wurde es zu einem mächtigen Widder mit sieben Hörnern und sieben Augen. Der Engel fragte mich: „Weißt du, was diese Hörner bedeuten?“ Dann erklärte er mir, daß Hörner ein Symbol der Kraft sind, und daß die Gottheit und die Vollkommenheit der himmlischen Dinge immer anhand der Zahl sieben dargestellt werden.

Er sagte: „Du hast Ihn als Lamm sterben sehen; siehe, wie Er nun als Sieger aufersteht. Ihm ist gegeben alle Gewalt im Himmel und auf Erden.“ Dann wies mich Gabriel auf Matthäus 28, 18.20 b hin und sagte: „Siehe, wie Er mit Seinen Jüngern spricht, und höre, was Er zu sagen hat: »Mir ist alle Macht im Himmel und auf Erden gegeben ... Und siehe, Ich bin bei euch alle Tage«.“

Unser König, dem alle Macht und Gewalt gegeben ist, wurde dadurch groß, daß Er sich selbst als Opfer darbrachte. Gabriel deutete auf das Lamm und auf den Widder, der aus ihm hervorging (Offenbarung 5, 6). Dann sagte er: „Du wirst die Ehre sehen, die Ihm gegeben wurde.“ Dann ließ er mich Engel schauen, die in jeder Richtung so weit standen, wie ich sehen konnte. Sie beugten sich alle vor Ihm nieder und riefen aus, daß Er der König aller Könige und Herr aller Herren sei und daß Er für immer und ewig regieren werde. Nichts mehr könne Seine Herrschaft aufhalten. — Er war das geschlachtete Lamm, aber jetzt lebt Er für immer und ewig. Halleluja!

Dann redete der Engel noch einmal mit mir über den Leib Jesu, der als Opfer bereitet wurde. Es ist besonders wichtig, daß wir sehen, warum Jesus einen sündlosen Leib hatte. Er konnte nämlich die Sünden anderer nur tragen, weil Er selbst sündlos war. Er wurde nicht wegen seiner eigenen, sondern wegen unserer Sünde geschlagen!

Das durfte auch der Prophet Daniel erkennen: „Da flog der Mann Gabriel, den ich zuvor im Gesicht gesehen hatte, um die Zeit des Abendopfers dicht an mich heran. Und er unterwies mich und redete mit mir und sprach: „Daniel, jetzt bin ich ausgegangen, um dir zum rechten Verständnis zu verhelfen. Denn als du anfingst zu beten, erging ein Wort, und ich komme, um dir's kundzutun; denn du bist von Gott geliebt. So merke nun auf das Wort, damit du das Gesicht verstehst. Siebzig Wochen sind verhängt über dein Volk und über deine heilige Stadt; dann wird dem Frevel ein Ende gemacht und die Sünde abgetan und die Schuld gesühnt, und es wird ewige Gerechtigkeit gebracht und Gesicht und Weissagung erfüllt und das Allerheiligste gesalbt werden. So wisse nun und gib acht: Von der Zeit an, als das Wort erging, Jerusalem werde wieder aufgebaut werden, bis ein

Gesalbter, ein Fürst, kommt, sind es sieben Wochen; und 62 Wochen lang wird es wieder aufgebaut sein mit Plätzen und Gräben, wiewohl in kummervoller Zeit" (Daniel 9, 21—25).

Derselbe Gabriel war jetzt in meinem Haus und zeigte mir dieselben Wahrheiten! Er sagte Daniel, daß noch 483 Jahre vergehen würden, bevor Jesus käme, um ein Opfer nicht für die eigenen, sondern für die Sünden anderer darzubringen. Gabriel sagte Daniel, ab wann er anfangen sollte zu zählen — und alles kam genau hin! Gabriel sorgte nämlich auch dafür, daß Gottes Plan rechtzeitig eintraf. Er sagte, daß sich die Zeiger an der prophetischen Uhr zu bewegen anfangen würden, wenn Cyrus den Befehl geben würde, Jerusalem wieder aufzubauen. Gabriel sagte mir, er habe die Aufgabe, Gottes Pläne auszuführen. Er ist der Engel, der Gottes Armee anführt.

Gabriel eröffnete mir, von ihm sei Sacharja 1, 12—17 die Rede: „Da hob der Engel des HERRN an und sprach: HERR Zebaoth, wie lange noch willst Du Dich nicht erbarmen über Jerusalem und über die Städte Judas, über die Du zornig bist schon 70 Jahre? Und der HERR antwortete dem Engel, der mit mir redete, freundliche Worte und tröstliche Worte. Und der Engel, der mit mir redete, sprach zu mir: Predige und sprich: So spricht der Herr Zebaoth: Ich eifere für Jerusalem und Zion mit großem Eifer und bin sehr zornig über die stolzen Völker; denn Ich war nur ein wenig zornig, sie aber halfen zum Verderben. Darum spricht der HERR: Ich will Mich Jerusalem wieder zuwenden mit Barmherzigkeit, und Mein Haus soll darin wieder aufgebaut werden, spricht der HERR Zebaoth, und die Meßschnur soll über Jerusalem gespannt werden."

Ein anderes Mal ließ er mich Jesus mit Seinem Blut in den Himmel hineingehen sehen. Da sah ich Ihn nicht mehr als Opfer mit dreckigen Gewändern, sondern als Priester mit dem Blut des Bundes. Ich sah, wie Er hineinging, das Blut nahm und die heiligen Geräte damit besprengte. Ich hatte das noch nie erkannt, daß die himmlischen Geräte vor Gott mit dem Blut besprengt werden mußten (vgl. Hebräer 9, 19—28). Jesus betrat mit Seinem eigenen Blut den Himmel und besprengte damit als endgültiges Opfer den Altar. Da waren unsere Sünden ein für allemal zugedeckt.

Im Hebräerbrief lesen wir: „»Das ist der Bund, den Ich mit ihnen schließen will nach diesen Tagen«, spricht der Herr. »Ich will Mein Gesetz in ihr Herz geben und es in ihren Sinn schreiben, und an ihre

Sünden und ihre Ungerechtigkeit will Ich nicht mehr denken.« Wo aber die Sünden vergeben sind, gibt es kein Opfer mehr. So haben wir nun, liebe Brüder, durch das Blut Jesu die Freiheit zum Eintritt in das Heiligtum. Er hat uns einen neuen und lebendigen Weg durch den Vorhang eröffnet, das heißt durch Seinen Leib. Haben wir nun einen Hohenpriester über das Haus Gottes, dann laßt uns eintreten mit wahrhaftigem Herzen und in der Gewißheit des Glaubens, besprengt in unsern Herzen und damit befreit von dem bösen Gewissen und den Leib gewaschen mit reinem Wasser. Laßt uns am Bekenntnis der Hoffnung festhalten und nicht wanken; denn treu ist der, der die Verheißung gegeben hat" (Hebräer 10, 16—23).

Während dieser Schau, die der Herr mir schenkte, zeigte Er mir mehrere Male ein Buch, das im Himmel einen sehr wichtigen Platz hat. Dieses Buch wurde nach der Anweisung Gottes mit Blut besprengt. Gabriel sagte, es sei der Bericht über die zwischenmenschlichen Beziehungen. Dann wies er mich auf 2. Mose 21—23 hin. Bei diesen Gesetzen ging es um die Beziehung der Menschen zu Gott und ihre Einstellung zueinander.

Kurz bevor Mose auf den Berg stieg, um die zehn Gebote zu empfangen, hatte Gott ihm den Bund gegeben und ihm gesagt: „Schreib alles in ein Buch und lies es den Kindern Israel vor."

„Mose kam und sagte dem Volk alle Worte des HERRN und alle Rechtsordnungen. Da antwortete alles Volk wie aus einem Munde: Alle Worte, die der HERR gesagt hat, wollen wir tun" (2. Mose 24, Vers 3).

Sie wollten diesen Gesetzen wirklich gehorchen, doch brachte sie der Alltag von ihrem guten Vorhaben ab. Heute sind wir Menschen nicht anders, denn wir erlauben es den Problemen und Sorgen dieser Welt, uns vom Segen Gottes abzubringen.

Dann tritt die Schuld in unser Leben ein, und wir sagen: „Ich weiß, daß Gott mir diese großen Sünden vergeben hat, mit denen ich mich herumquälte. Doch habe ich mit den kleinen Sünden größere Probleme, besonders mit meiner Einstellung zu meiner Familie und zu meinen Arbeitskollegen." Dann sagen wir uns: „Ich möchte wirklich für Gott leben. Jeden Tag vertraue ich mich Gott an, doch bereiten mir diese kleinen Dinge so viel Kummer. Ich habe Angst, weil ich aus irgendeinem Grunde nie den Sieg darüber bekommen kann." Der Herr ließ mich Jesus schauen, wie Er das Buch mit

Seinem Blut besprengte und somit unsere Sünde zudeckte. In Jesus ist alles vollbracht! Gott sieht auf das Blut, nicht mehr auf unsere Schuld! Darum nimmt Er uns an!

Viele Krankheiten und Spannungen entstehen unter Gläubigen deswegen, weil wir nicht erkennen, was der Leib Jesu eigentlich für uns bedeutet. So oft vergessen wir, was Jesus für uns getan hat, weil Satan uns anklagt und uns an unsere Sünde, unser Versagen täglich erinnert. Diese schlechten Dinge treten in den Vordergrund, und wir brauchen jemand, der uns daran erinnert, daß Gott uns einen Weg der Vergebung geschaffen hat.

Wenn Sie am Abendmahl teilnehmen, erinnern Sie sich an den Tod des Herrn, bis Er kommt! Er schmeckte für uns den zweiten Tod. Er trank den Kelch bis zur Neige. Im Wort heißt es, daß Er alle unsre Sünde mit Seinem Leibe ans Holz hinaufgetragen hat. Er möchte, daß wir auf Seinen Leib schauen und dort unsere Sünden — und die der ganzen Welt — auf Ihn gelegt sehen. Jede Lüge, jede Versündigung gegen uns selbst und gegen andere, jeder Mord, jeder Ehebruch, jede unmoralische Tat, alles Mogeln und jegliche Art von Rebellion, Götzendienst, Feindschaften, Hexerei, Okkultismus, ja, alles, womit wir uns schuldig gemacht haben, alles wurde auf Ihn gelegt. Jesus wurde zum Sündenbock. Er wurde sogar zur Sünde selbst, indem Er das Konzentrat aller Fäulnis von Milliarden von Menschen auf sich nahm.

Stellen Sie sich Jesus vor. Er ist Ihr Bollwerk gegen die Angriffe Satans. „Schaue auf Ihn, erkenne Ihn! Wenn du das nicht kannst, dann wirst du krank und schwach und wirst den feindlichen Angriffen preisgegeben sein. Deine geistliche Kraft wird dabei zerstört. Schaue auf Ihn. Siehe, wie Er alle Fäulnis der Menschen, alle Mordtaten, alle Lügen, jede unmoralische Tat, die es jemals gegeben hat, auf sich nimmt. Er trägt sogar die fürchterliche Sünde der Homosexualität, um deretwillen Sodom zerstört wurde. Alles wurde dort auf Golgatha auf Ihn gelegt!" So spricht der Herr zu Ihnen heute! Wenn Sie auf Jesus schauen, erkennen Sie dort IHRE Sünde, IHRE Schwäche, IHR VERSAGEN — alles, worüber Sie sich Sorgen gemacht haben, trug Er!

Diese Dinge in Ihrem Leben sind entkräftet. Einmal waren sie starke Sünden, jetzt sind sie zu Asche geworden. Sie sind nichts als Schlacke! Und wenn Sie das begriffen haben, wird die Sünde ihre

Macht über Ihr Leben verlieren! Ihre Sünde ist nichts als Asche, weil der Blitz des Zornes Gottes sie an jenem Leib, dem Leib Jesu am Kreuz, traf. Alle Sünde wurde auf Ihn gelegt, Gottes Güte wurde in uns hineingegossen — und wir können vor Gott bestehen! Wir dürfen wissen, daß die Sünde ihre Macht über unser Leben verloren hat!

Nun dürfen wir getrost folgen, wenn Jesus, unser Hoherpriester, in die Gegenwart Gottes hineingeht und dort mit Seinem Blut all unsere Sünden zudeckt und vertilgt. Ja, Sein Blut hat jede Spur unserer Missetat gelöscht und somit ermöglicht, daß sich Gottes Plan in unserem Leben erfüllt. Gott will, daß wir wieder vor Ihm unschuldig sind, daß wir die Gemeinschaft mit Ihm teilen, die einst Adam und Eva im Garten Eden hatten, bevor die Sünde hineinkam.

In Hebräer 10, 5 spricht Jesus von dem Werk, das Ihm Gott zu vollbringen gab. Er sagt: „Einen Leib hast Du Mir gegeben.“ Ein wenig weiter, im 20. Vers, sagt der Verfasser des Briefes, daß wir durch den Leib Jesu in eine neue, enge Gemeinschaft mit Gott treten dürfen.

Gabriel erinnerte mich daran, daß die Stiftshütte genau nach Gottes Anweisungen gebaut werden mußte. In allen Einzelheiten mußten auch die Opfer so dargebracht werden, wie Gott es vorgeschrieben hatte. Diese Dinge waren nämlich ein Sinnbild für die göttliche Heilsgeschichte. Darin wurde Jesus mit Seinem Opfer abgebildet. Gabriel erklärte mir einiges, um mir die Bedeutung des Opfers Jesu klarer zu machen.

Innerhalb der Stiftshütte kam man zuerst zu dem ehernen Altar, auf dem die Opfer dargebracht wurden. Diese Opfer mußten zu Asche verbrannt werden, und die Priester mußten alle Opfernden mit der Asche besprengen, damit sie vor Gott angenommen werden konnten. Das Opfertier mußte alle Sünden Israels tragen und die Hitze des Feuers erleiden. Wenn sich dann das Volk nahte, um von Gott angenommen zu werden, wurde die Asche mit dem Blut zusammen verschüttet.

Damit wollte Gott den Israeliten sagen: „Ihr habt Mir eure Sünde gegeben. Hiermit gebe Ich sie euch zurück — seht, es ist nur die Asche davon übriggeblieben. Die Sünde hat ihre Kraft verloren. Eure Sünden sind zerstört, vom Feuer des Gerichts verzehrt. Dieses Tier war Sündenträger an eurer Stelle; ihr habt eure Sünden darauf gelegt, und mit dem Tier wurden sie zu Asche!“

Gabriel redete weiter mit mir über das Opfer und dessen Bedeutung. Er fing bei Hebräer 9, 13—14 an: „Denn wenn schon das Blut von Böcken und Stieren und die Asche von der Kuh, mit Wasser ausgesprengt, die Unreinen heiligt, so daß sie äußerlich rein sind, um wieviel mehr wird dann das Blut Christi, der sich als Opfer ohne Fehler durch den ewigen Geist Gott dargebracht hat, unser Gewissen von den todbringenden Werken reinigen, damit wir dem lebendigen Gott dienen!"

Diese Art von Opfer konnte das Leben eines Israeliten reinigen, so daß er rufen durfte: „Es ist vollbracht! Es ist vollbracht! Meine Sünden, die dort hingelegt wurden, sind zu Asche geworden; die Sünde wird keine Herrschaft über mich haben; die Sünde hat ihre Kraft, ihren Stachel verloren." Wenn die Israeliten schon ein ganzes Jahr lang durch Tieropfer zur Freiheit gelangen konnten, um wieviel mehr wird das Blut Christi und Sein Opfertod uns reinigen und die Sünde ein für allemal aus unserem Verstand, Gewissen und Gefühl entfernen?

Jesus schmeckte buchstäblich die Hölle um unsretwillen, indem Sein Leib vom gerechten Gericht Gottes getroffen wurde. Jetzt, wenn der Feind zu uns kommt und uns anfechten will, können wir ihm entgegnen: „Diese Sünden, an die du mich immer wieder erinnern willst, sind zu Asche geworden. Die Kraft der Sünde ist gebrochen!" Voller Freude dürfen wir sagen: „Gottes Zorn ist nicht mehr auf mich gerichtet, denn Jesus ertrug die Strafe an meiner Stelle. Als Jesus litt, trug Er die Strafe für meine Sünde!"

Schauen Sie doch auf Jesus, den Hohenpriester! Er trägt Sein Blut in die himmlische Hütte Gottes, denn dort wird über die Sünde ein Buch geführt. Gabriel sagte mir: „Siehe, wie Er das Buch mit Seinem Blut besprengt. Dort in dem Buch waren alle Übertretungen gegen Gottes Gebote und alle Sünden niedergeschrieben. Aber jetzt ist es so, als würde eine dicke Wolke alles überdecken, was gegen dich als Anklage hätte vorgebracht werden können. Wenn wir erkennen, was Jesus hier tut, dann verstehen wir, wie der Neue Bund entstand!"

In Hebräer 10, 16—17 heißt es: „»Das ist der Bund, den Ich mit ihnen schließen will nach diesen Tagen«, spricht der Herr. »Ich will Mein Gesetz in ihr Herz geben und es in ihren Sinn schreiben, und an ihre Sünden und ihre Ungerechtigkeit will Ich nicht mehr denken.«"

Er hat unsere Sünde zu Asche gemacht! Er hat die Bücher zugedeckt und uns einen brandneuen Bund gegeben. Wissen Sie, warum Er das tat? Weil Er uns LIEBT! Er sucht nicht nach Gründen, um uns zur Hölle zu schicken. Er will uns retten!

Sehen Sie, Jesus war das makellose Lamm, das vor Grundlegung der Welt als Opfer bereitet wurde. Er war der Sündenträger, der in schmutzigen Gewändern vor Gott trat. Er wurde von Gott um unserer Missetat willen geschlagen, Er besprengte die himmlischen Geräte mit Seinem Blut und erfüllte die Bedingungen des Alten Bundes. Alle möglichen Sünden und Verfehlungen sind durch dieses Blut zugedeckt. Das Blut redet vor Gott und sagt: „Es ist vollbracht!"

In Israel gedachte man jährlich der Sünde. Dabei wurden die Israeliten zwar entsündigt, aber an die Sünde wurde noch gedacht. Es hat mich tief bewegt, als Gabriel zu mir sprach und im Befehlston sagte: „Als Jesus kam, hob Er die Notwendigkeit einer Entsündigung auf. Die Entsündigung erinnert Gott immer wieder an die schon vergebenen Sünden; aber Jesus hat den Schmutz und die Schuld der Sünde ganz und gar weggenommen. Jetzt redet Sein Blut vor dem Thron Gottes und sagt: »Sie sind gerechtfertigt, um Christi willen unschuldig.« Wir sind in den Stand zurückversetzt, der vor dem Sündenfall herrschte."

Im Alten Testament wurde man dadurch entsündigt, daß man an das Opfer glaubte. Gabriel sagte jedoch, daß JESUS das eine Opfer war, das die Sünden endgültig wegnahm. „Darum werdet ihr vor Gott nicht entsündigt. Gott möchte nicht mehr an eure Sünden denken. Früher wurde ihrer jährlich gedacht. Jetzt sagt uns Gott, daß Er nie wieder an sie denken will!"

Schließlich sagte Gabriel: „Darum gibt es im Neuen Testament keine Botschaft über die Entsündigung. Eine Entsündigung ist nicht mehr notwendig. In Jesus ist alles VOLLBRACHT!"

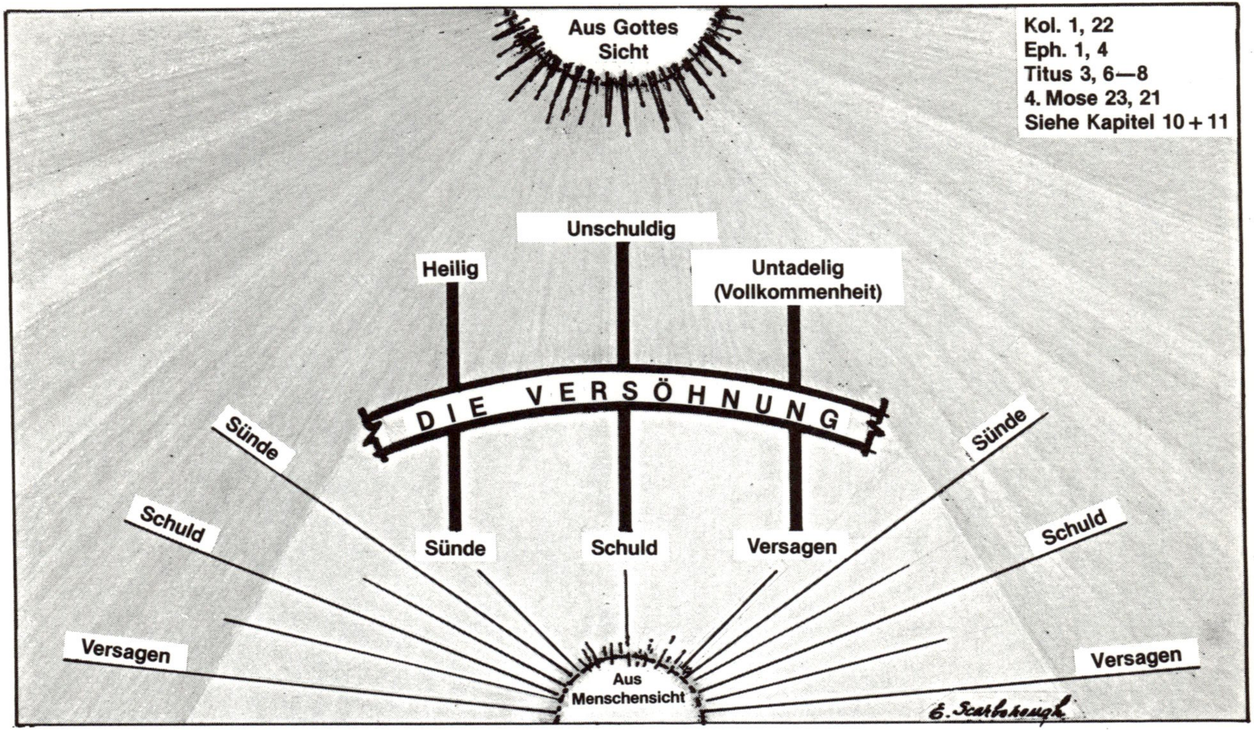

Aus Gottes Sicht
Kol. 1, 22
Eph. 1, 4
Titus 3, 6—8
4. Mose 23, 21
Siehe Kapitel 10 + 11
Heilig
Unschuldig
Untadelig (Vollkommenheit)
DIE VERSÖHNUNG
Sünde
Schuld
Versagen
Sünde
Schuld
Versagen
Sünde
Schuld
Versagen
Aus Menschensicht
E. Scarborough

Kapitel 8

Die Versöhnung

Wie festgeklebt saß ich auf meinem Stuhl. Ich konnte mich überhaupt nicht bewegen, denn ich war von einem göttlichen Licht umhüllt. Nach 40 Tagen bei Gott hat Moses Antlitz so gestrahlt, daß man ihn nicht ansehen konnte; jetzt war Gabriel da, der die Ewigkeit in Gottes Gegenwart verbracht hat! Erst als er zu mir sprach und mich anrührte, kam meine Kraft wieder.

Ich habe damals geweint. Und Sie werden auch weinen, aber vor Freude, wenn Sie diese wunderschöne Botschaft erfahren, die mir Gabriel direkt von Gott überbrachte.

Für Christen ist die Versöhnungsbotschaft eine nie versiegende Quelle von Kraft und Freiheit. Gott will, daß alle Menschen, die hier auf dieser Erde leben, vor der Wiederkunft unseres Herrn von dieser Botschaft hören, denn sie gilt jedem einzelnen. Versöhnung bedeutet eigentlich „Zudeckung" vom hebräischen „kaphar" = zudecken, tilgen und vom griechischen „katallage" = Austausch, Versöhnung.

Auf der vorhergehenden Seite dieses Buches finden Sie eine Zeichnung, die ich anfertigen ließ, um die Wirkung und Bedeutung der Versöhnung besser zu erklären. Der Engel Gabriel zeigte mir, wie ich die Zeichnung machen sollte.

Diese Botschaft hat drei Aspekte, die jeweils dem Christen, der für Gott leben möchte, dem Laugewordenen und dem Ungläubigen gelten. Alle sollen dadurch zu einer neuen Ehrfurcht vor Gott gelangen. Die Botschaft ist so wichtig, daß der Engel sie bei jedem Besuch wiederholte. Eigentlich bildet die Botschaft der Versöhnung den Mittelpunkt aller Geschichte und insbesondere der Heilsgeschichte. Nur aufgrund der Versöhnung können wir das ewige Leben erlangen.

Weil diese Botschaft so wichtig ist, möchte ich Sie ermutigen, sehr viel darüber nachzudenken und sie in sich aufzunehmen. Dann können Sie jedem Menschen, dem Sie begegnen, davon erzählen! Alle Menschen sollen wissen, was Jesus getan hat — und was Er noch tun kann!

Mitten auf der Zeichnung ist ein breiter Bogen, einem Regenbogen vergleichbar. Er ist über uns Menschen gespannt und stellt die Versöhnung, die „Zudeckung" durch das Blut Christi, dar. Oben darüber ist Gott, der uns nur durch diesen Bogen sieht. Aus dieser Perspektive nimmt uns Gott als heilig, makellos und tadellos (vollkommen) wahr. Der Mensch, der unter dem Bogen lebt, sieht sich anders: er sieht bei sich Sünde, Fehler und Versagen. Doch sieht Gott bei uns keine Sünde, sondern nur Heiligkeit; unsere Sünde hat Er ja schon getilgt! Gott sieht uns als makellos und untadelig an, d. h. Er sieht nichts, wofür Er uns tadeln müßte (vergl. Kolosser 1, 22)!

Sünde kann Gott nicht dulden, weil sie Seinem Wesen widerspricht. Darum müssen wir vollkommen sein, wenn Er uns annehmen soll. Weil wir dies wissen, versuchen wir oft, unser Leben selbst von der Sünde zu befreien, uns gleichsam beim eigenen Schopf aus dem Sumpf zu ziehen. Aber Gott erklärte mir, daß wahre Heiligung etwas ganz anderes ist.

Heiligung hat es mit der Herrlichkeit Gottes zu tun! Wer heilig ist, strahlt das Wesen und die Gegenwart Gottes aus. Die einfache Abwesenheit der Sünde ist nur ein *Ergebnis der Heiligung,* sie ist nicht die Heiligung selbst. Heilig ist, wer das Wesen Gottes ausstrahlt!

GOTT IST HEILIG!

Gott sprach zu mir von einer Heiligungsstraße, die von Gott bis auf die Erde herabreicht. Auf dieser Straße nähert sich der Mensch Gott — aus lauter unverdienter Gnade. JESUS war und ist die Heiligung, die Gott uns anbietet, und Er macht für uns den Weg, denn *Er ist der Weg!* Gott nimmt uns an, weil Jesus heilig war, und deckt uns mit Seiner Gerechtigkeit. *Wenn Gott uns ansieht, dann sieht Er uns, wie Er Jesus sieht.*

Unter dem Bogen der Versöhnung (s. Zeichnung) sehen wir, wie wir in den Augen der Menschen aussehen. Sozusagen von unten her sehen die Menschen auf unsere Schuld und Sünde. Satan und die Mitmenschen klagen uns an. Aber Gott möchte, daß wir die Menschen um uns her so sehen, wie Er sie sieht. Um das zu ermöglichen, gab Er uns Sein Wort, Seinen Geist und das Blut Seines Sohnes Jesus Christus!

Gott kann Fehler ebensowenig wie Sünde dulden. Die Lämmer, die unter dem alten Gesetz geopfert wurden, mußten makellos und vollkommen sein; und nicht nur das, sondern auch der Priester, der das Opfer darbrachte, mußte ohne Fehler sein, wenn er überhaupt das Priesteramt versehen wollte. Am ganzen Leibe durfte er nicht einmal ein Muttermal haben. Gott ist ein vollkommener Gott!

Dem Hohenpriester Aaron gab Gott sehr genaue und streng einzuhaltende Gesetze über die Darbringung der Opfertiere, die die Sündenschuld des auserwählten Gottesvolkes zu tragen hatten. Gott zeigte mir, wie der alttestamentliche Hohepriester mit den Opfertieren in das Heiligtum hineinging, um für die Sünden des Volkes zu opfern. Aufgrund dieser Handlung war das Volk ein Jahr lang mit Gott versöhnt. Beim Lesen dieser Stelle in der Schrift hatte ich früher immer gedacht, daß der Hohepriester ins Heiligtum hineingehen durfte, weil er vorher alle Anweisungen richtig ausgeführt hatte. Ich meinte, er müßte wohl die Vollkommenheit erlangt haben, indem er Gottes Anweisungen strengstens befolgte. Ich dachte, das würde ausreichen. Aber Gott zeigte mir, daß mein Verständnis der Opferzeremonien ungenügend war!

Bevor Aaron, der Hohepriester, oder einer seiner Nachfolger, das Opfer bringen konnte, mußte er sich darauf vorbereiten, ins Allerheiligste hineinzugehen. Das Allerheiligste war der innerste Teil der Stiftshütte und wurde so genannt, weil es den Wohnort Gottes darstellte. Die Bundeslade, und oben darauf der Gnadenstuhl, wurde hinter einem Vorhang im Allerheiligsten aufbewahrt. Gott hatte von sich gesagt: „Ich selbst bin in der Wolke über dem Gnadenstuhl." Der Hohepriester wäre also der einzige Mensch auf Erden, von dem man hätte sagen können, er sei aufgrund der Vorbereitung absolut heilig und gerecht.

Gott ließ mich den Opfervorgang in einer Art geistlicher Schau sehen. Aaron, der Hohepriester, kam herein und führte ein Kalb mit, das er schlachten mußte, um ihn von seiner eigenen Sünde zu reinigen. Auf Aaron selbst und auch auf alle Geräte im Raum mußte von dem Blut dieses Kalbes etwas gestrichen werden. Aber danach durfte Aaron immer noch nicht mit seiner Arbeit im Allerheiligsten beginnen. Noch etwas mußte geschehen!

Er mußte eine Handvoll Räucherwerk nehmen, welches zu Pulver zerstoßen war und die Auspeitschung Jesu darstellte, die Er um unsertwillen erdulden sollte. Dann nahm Aaron eine Pfanne voll Glut vom Altar und ging in das Allerheiligste hinein. Schnell tat er etwas von dem Räucherwerk auf die Glut, und sofort stieg eine Rauchwolke hoch und bedeckte den Gnadenstuhl, der auf der Bundeslade lag. Die wohlriechende Rauchwolke umgab Aaron und gefiel Gott. Die Wolke stellte also das Leiden Jesu dar. Als Gott herabschaute, sah er Aaron durch diese Wolke hindurch. Allein durch genaue Einhaltung dieses Ritus konnte Aaron sein eigenes Leben retten.

Aaron wurde also durch ein stellvertretendes Opfer vor dem Tod durch den Zorn Gottes bewahrt. Aufgrund dessen, was der Weihrauch darstellte, nämlich Jesus, durfte er auf Annahme bei Gott hoffen. Aaron war mit Gott versöhnt, weil das Feuer des Gerichts auf das stellvertretende Opfer gefallen war. Infolgedessen konnte er für ein weiteres Jahr für Israel Sühne erwirken.

Als Jesus, der sündlose Sohn Gottes, als unser Hoherpriester hineinging, um für die Sünden der ganzen Welt ein Opfer darzubringen, nahm Er kein Opfer für sich selbst mit. Er kam mit leeren Händen. Er wurde nicht von der Wolke umgeben, und der Zorn Gottes traf Ihn an unserer Stelle. Jesus nahm für uns das Gericht Gottes auf sich.

Eine Rauchwolke stieg von dem Räucherwerk, welches Jesus darstellte, hoch und breitete sich aus über die ganze Welt. Sie bewegte sich durch die Geschichte hin zum Anfang der Menschheit. Sie bewegte sich weiter von Golgatha bis zum Tage Seines Kommens. Während sie sich so bewegte, bedeckte sie alle Menschen aller Zeiten, die ihr Vertrauen auf die ewige Bedeckung Gottes, das Opfer Jesu Christi, gesetzt haben.

Nach dieser wunderbaren Vision sagte mir Gabriel, ich solle 3. Mose 16, 6.11—12 nachschlagen und dort nachlesen, was mit dem Volk passierte, nachdem Aaron das Opfer dargebracht hatte. Das Blut von einem der Böcke (auch ein Schattenbild auf Jesus!), welcher auch als Opfer für die Sünden des Volkes dargebracht worden war, sollte hinter den Vorhang gebracht werden und da vor und auf dem

Gnadenstuhl ausgeschüttet werden. Dadurch wurden die Gebote, die das Volk übertreten hatte, auch mit Blut besprengt, denn die Gesetzestafeln wurden in der Bundeslade aufbewahrt.

Nachdem der Versöhnungsritus zu Ende war, wurde ein lebender Bock hereingebracht. Aaron legte beide Hände auf ihn und bekannte so die Sünden des Volkes. Dann schickte er den Bock, der jetzt alle diese Sünden trug, in die Wüste, wo niemand wohnte. Der Bock war ein wirklicher „Sündenbock", er trug alle Sünden hinweg. Nachdem Gott die Sünden des Volkes in dieser Weise hatte tilgen lassen, entfernte Er somit alle Spuren der Sünde.

Wenn wir mit Gott versöhnt sind, bleibt kein verrottendes Sündenhäufchen unter einer Decke übrig! Wenn Gott uns annimmt, bringt Er unsere Sünden an einen Ort, wo sie nie wieder gefunden werden können. Unsere Sünden werden uns nicht nur vergeben, sondern Gott tut sie so weit weg wie der Morgen vom Abend.

Aufgrund des Sühneopfers Jesu kann Gott auf uns herunterschauen, ohne Sünde in uns zu sehen. Das gilt nicht nur bei unserer Bekehrung, sondern jeden Tag unseres Lebens. Das Opfer Jesu sorgt dafür, daß wir dort im Allerheiligsten, wo Gott in der Wolke über dem Gnadenstuhl wohnt, angenommen werden.

Als mir Gott diese geistliche Schau schenkte, überbrachte mir Gabriel eine Botschaft direkt von Ihm. Die Botschaft hieß, daß wir Christen uns entspannen dürfen, weil wir wissen, daß sich Gott um alles in Seinem Reich kümmert. Ein Christ, der seine Stellung vor Gott erkannt hat, braucht sich nicht von der Sündenlast niedergedrückt zu fühlen. Gott schaut auf uns herunter und sieht, daß wir an Jesus und an Sein Opfer glauben. Dann sieht Er uns in Christus! Durch das Blut Jesu sind wir angenommen und in Seine Liebe eingehüllt! Gabriel deutete auf Epheser 1, 4—5 und sagte, es sei Gottes Wille, daß die Menschen vor Ihm heilig und untadelig seien. „Denn in Ihm hat Er uns erwählt vor der Schöpfung der Welt, damit wir heilig und untadelig vor Ihm sein sollten; in Seiner Liebe hat Er uns im voraus dazu bestimmt, Seine Kinder zu sein durch Jesus Christus nach dem Wohlgefallen Seines Willens" (Epheser 1, 4—5).

Gott hat uns darum Sein Wort und Seinen Heiligen Geist gegeben, weil Er möchte, daß die Welt uns so sieht, wie Er uns sieht. Wir sollten so wie Jesus sein!

In Titus 2, 11 steht geschrieben: „Denn es ist erschienen die rettende Gnade Gottes für alle Menschen.“ Nicht alle Menschen haben dieses Heil angenommen, doch hat Gott den Weg für alle gemacht. Vor Gott sind wir also gerecht und sündlos. Doch hat Gott noch eine Botschaft für die Menschen: „Sie (die Gnade) will uns dazu erziehen, dem Leben ohne Gott und den weltlichen Begierden abzusagen und besonnen, gerecht und fromm in dieser Welt zu leben“ (Titus 2, 12).

Dann erinnerte mich Gabriel an die Tatsache, daß wir durch die Rechtfertigung bei Gott angenommen sind. Die anderen Leistungen, die wir aufgrund eigener Anstrengung bringen, sind nicht dazu da, um unsere Annahme bei Gott zu bewirken. Aber sie dienen dazu, uns vor den Menschen im Bilde Jesu erscheinen zu lassen. Paulus schreibt von den guten Werken, die wir tun sollen: „Das ist gut und nützt *den Menschen*“ (Titus 3, 8). Die Menschen müssen Jesus in uns sehen, dann strahlt Seine Schönheit durch uns aus!

Gabriel wies darauf hin, daß Gott Seine Botschaft in Kolosser 1, 21—22 in einem kurzen Satz zusammengefaßt hat. Das entspricht genau der Zeichnung: „Auch euch, die ihr einst Ihm fremd und feindlich gesinnt wart in bösen Werken, hat Er nun dadurch versöhnt, daß Er Seinen irdischen Leib in den Tod gab, um euch *heilig und ohne Makel und Tadel vor Sein Angesicht* zu stellen.“ Schauen Sie die Zeichnung der Versöhnung noch einmal an. Dieser Vers gibt Gottes Perspektiven wieder. Im nächsten Vers (1, 23) gibt Gott eine Liste der Bedingungen, die wir erfüllen müssen, wenn wir so vor Ihm aussehen wollen: *„Ihr müßt nur im Glauben beharren,* fest gegründet, und *dürft euch nicht abbringen lassen* von der HOFFNUNG DES EVANGELIUMS . . .“

„Denn die Er ausersehen hat, die hat Er auch vorherbestimmt, daß die dem Bild Seines Sohnes gleich sein sollten, damit dieser der Erstgeborene unter vielen Brüdern sei. Die Er aber vorherbestimmt hat, die hat Er auch berufen; die Er aber berufen hat, die hat Er auch gerecht gemacht; die Er aber gerecht gemacht hat, die hat Er auch verherrlicht“ (Römer 8, 29—30).

Hiermit sagt Gott, daß Er uns die himmlische Atmosphäre schenken will. Wir dürfen einen Vorgeschmack des himmlischen Lebens kosten. Darum sind ja Christen fröhliche Menschen! Der Herr hat uns einen wunderbaren Vorgeschmack der Herrlichkeit geschenkt!

„Wer will die Auserwählten Gottes beschuldigen? Gott ist hier, der gerecht macht. Wer will verdammen? Christus Jesus ist hier, der gestorben ist, ja viel mehr, der auch auferweckt ist, der zur Rechten Gottes ist und für uns eintritt. Wer will uns scheiden von der Liebe Gottes? Trübsal oder Angst oder Verfolgung oder Hunger oder Entbehrung oder Gefahr oder Schwert? wie geschrieben steht: »Um deinetwillen werden wir getötet den ganzen Tag; wir sind geachtet wie Schlachtschafe. Aber in dem allem überwinden wir weit durch den, der uns geliebt hat«" (Römer 8, 33—37).

Um Seiner großen Liebe willen wird uns Gott niemals verdammen. Jesus hat es selbst gesagt (Johannes 3, 16—17): „So hat Gott die Welt geliebt, daß Er Seinen einzigen Sohn dahingab, damit alle, die an Ihn glauben, nicht verlorengehen, sondern das ewige Leben haben. Denn Gott hat Seinen Sohn nicht in die Welt gesandt, um die Welt zu richten, sondern damit die Welt durch Ihn gerettet wird."

Viele Leute meinen, Jesus wäre gekommen, um sie zu verurteilen, aber die Wahrheit ist ganz anders: „Wer an Ihn glaubt, der wird nicht gerichtet; wer aber nicht glaubt, der ist schon gerichtet, denn er glaubt nicht an den Namen des einzigen Sohnes Gottes" (Johannes 3, 18). In diesem Text sagt Gott, daß die Welt sich verirrt hatte und einen Ausweg finden mußte. Indem Er Jesus sandte, wollte Er diesen Ausweg für uns schaffen, damit wir in die Gegenwart Gottes hineinkommen konnten. Durch Jesus entfernte Gott die Wolke der Verurteilung.

Mächtige Engel aus dem Himmel sind um uns her, um uns auf den Händen zu tragen, falls wir ausrutschen sollten (vgl. Psalm 91, 11—12). Gott hat uns nicht gerettet, um uns nachher wieder zu verdammen. Er wollte uns doch das Leben schenken! Es ist Sein Plan, uns in die Gemeinschaft mit sich zurückzubringen und uns mit sich zu vereinen. Das ist der Wille des Allmächtigen! Halleluja!

Weil wir Ihm gehören, fließt das Versöhnungsblut immerdar, um uns ständig rein zu halten. Es ist nicht ein Lippenbekenntnis, das uns rein macht, denn wir können viele Dinge mit unseren Lippen sagen, die wir nicht von Herzen meinen. Aber wenn es unser aufrichtiger Wunsch ist, Gott wohlzugefallen, dann findet ein Sündenbekenntnis schon in unserem Herzen statt. Wir brauchen uns vor Gott nicht zu fürchten! Er liebt uns ja. Wir sollten uns nicht von dem Gedanken quälen lassen, daß wir irgendwo in Wort oder Tat einen Fehler begangen haben könnten. Gott schaut unser Herz und unsere Absichten an! Wenn wir einmal schlechte Laune haben oder auf einen verkehrten Gedanken eingehen, und wenn wir dann vergessen, Gott um Vergebung zu bitten, so ist Er uns nicht böse, wenn unser Herz vor Ihm in Ordnung ist. Wir sind aufgrund dessen, was JESUS für uns tat, gerechtfertigt, und dieses teure Blut Christi wird uns solange reinigen, wie wir das *wollen*. Gott hat uns auch die sanfte Stimme Seines Heiligen Geistes gegeben, um uns zu helfen, unter dem Schutz des Blutes zu bleiben.

In diesen Tagen vor der Entrückung der Gemeinde hat Gott *eine* wichtige Botschaft für die Menschheit: die Versöhnung! Das entspricht dem Heilsplan, den Er vor Grundlegung der Welt entwarf. Die Menschen heute sollen verstehen, daß ihre Sünde zugedeckt ist. Die Sünder sollen erkennen, daß Gott für sie einen Ausweg geschaffen hat, damit sie zu Ihm kommen und Frieden schließen können.

Auch wenn Sie Gott ablehnen und verwerfen, können Sie niemals von der Liebe Gottes getrennt werden. Gott liebt tatsächlich den gottlosesten Menschen! In 2. Mose 34, 7 offenbart Gott, daß Seine Gnade und Barmherzigkeit für alle Generationen da sind. Aber die Tatsache allein, daß Gott gnädig und barmherzig ist, kann niemand gerecht machen. Ein Sünder wird nur durch den Glauben an das Opfer Jesu gerecht. Menschen, die Gott ferne sind und Schuld in ihrem Leben haben, können Gottes Liebe oft verspüren, und doch haben sie deswegen noch lange keine Fahrkarte in den Himmel. Durch Gottes Liebe bekommen sie aber die Gelegenheit, sich für Ihn zu entscheiden. Ihre Schuld wird nur dadurch entfernt, daß sie die Versöhnungstat Jesu akzeptieren.

Wir sollten daran denken, daß Gott nicht nur der liebe Gott, sondern auch ein zorniger Gott ist. Viele Menschen vergessen das und suchen nach Ausreden, weitersündigen zu können. Diese Menschen haben keinen echten Wunsch, sich von der Sünde abzuwenden. Und doch möchten sie die Geborgenheit der Versöhnung für sich in Anspruch nehmen. Sie hinken auf beiden Seiten. Es gibt doch Grenzen, über die hinaus die Versöhnung nicht reicht.

Für die meisten Christen ist das größte Problem nicht etwa Sünde gegen Gott, sondern ihre Verfehlungen im Umgang mit ihren Mitmenschen. „Was aus dem Menschen herauskommt, das macht den Menschen unrein; denn von innen, aus dem Herzen der Menschen, kommen die bösen Gedanken . . .“ (Markus 7, 20—21).

Eine Verfehlung, die wir immer wieder begehen, wird zu einer

Sünde. Das ist dann Rebellion gegen Gott, die vom Blut Jesu nicht zugedeckt werden kann.

Aber wenn wir aufhören, diese Verfehlung zu begehen, werden wir gehorsam und sind wieder versöhnt: „Wißt ihr nicht: wem ihr euch als Knechte unterstellt, um ihm zu gehorchen, dessen Knechte seid ihr und müßt ihm gehorsam sein, es sei der Sünde zum Tode oder dem Gehorsam zur Gerechtigkeit?“ (Römer 6, 16).

Mose und Aaron lebten mit dem Volk Israel zusammen und sahen vom menschlichen Standpunkt aus viel Sünde im Lager. Aber Gott schaute auf Israel von oben, durch den Versöhnungsbogen, und sah nicht mehr ihre Sünde, sondern ihren Gehorsam.

„Man sieht kein Unheil in Jakob und kein Verderben in Israel“ (4. Mose 23, 21). In einer modernen englischen Übersetzung heißt die Stelle: „Er hat in Jakob keine Sünde gesehen.“

Gott sagte Bileam, er habe Israel immer vom menschlichen Standpunkt aus gesehen, jetzt solle er es aus Gottes Perspektive sehen. In 4. Mose, 24 bekennt Bileam dann, daß er etwas ganz anderes sah, als Gott ihm die Augen dafür öffnete: „Es sagt der Hörer göttlicher Rede, der des Allmächtigen Offenbarung sieht, dem die Augen geöffnet werden, wenn er niederkniet: Wie fein (nicht mehr böse!) sind deine Zelte, Jakob, und deine Wohnungen, Israel! Wie die Täler, die sich ausbreiten, wie die Gärten an den Wassern, wie die Aloebäume, die der HERR pflanzt, wie die Zedern an den Wassern.“

Gott schafft keine große Bewässerungsanlage, um damit etwa alle Bäume gleichzeitig zu versorgen. Aber Er kümmert sich liebevoll um jeden einzelnen. Er möchte, daß wir in Ihm stark und gesund werden!

Als der Herr mit mir darüber redete, sagte ich: „Gott, wie steht es denn um Israel? Wenn das Volk zu der Zeit immer versöhnt war, warum hast Du es zwischen den Opfern immer wieder gestraft?“

Da erklärte mir Gott, daß es zwei Sünden gibt, die einen Menschen außerhalb der Reichweite Seiner Versöhnung bringen: Rebellion und Götzendienst. Wenn ein Mensch eine von diesen beiden Sünden begeht, begibt er sich außerhalb des Schutzes des Versöhnungsbogens. Gott bleibt derselbe, aber der Mensch hat dann seine Stellung geändert. Beim Lesen der Geschichte Israels können Sie entdecken, daß Gott das Volk immer nur dann strafte, wenn es sich in Rebellion und Götzendienst hatte verstricken lassen.

Wenn Menschen ihr Vertrauen auf etwas anderes als das Opfer Jesu setzen, gehen sie freiwillig aus dem Bereich heraus, wo ihre Sünden zugedeckt werden können. Wer sich so entscheidet, wird vor Gott entblößt. Dann sieht Gott die Sünde, die Schuld und das Versagen dieses Menschen.

Unsere Sünden wurden alle vom Blut des Lammes weggespült. Gott schaut uns nur durch dieses Blut an. Dabei sieht Er:

Heiligkeit statt Sünde;
Makellosigkeit statt Fehler;
Tadellosigkeit statt Versagen.

Wir nehmen diese Versöhnung persönlich in Anspruch, wenn wir über unsere Sünden Buße tun.

Wir bleiben im Bereich der Versöhnung, wenn wir Gott gefallen und Ihm von ganzem Herzen gehorchen wollen.

Wir entziehen uns der Versöhnung, wenn wir uns der Rebellion oder dem Götzendienst hingeben.

„ICH ABER UND MEIN HAUS WOLLEN DEM *HERRN* DIENEN“ (Josua 24, 15).

Kapitel 9

Gottes Warnsignale

Es geschah am Samstag vor Weihnachten, am hellichten Tage... Die Tür zum Gemeindebüro öffnete sich, und Gottes höchster Engel war noch einmal da, um mir eine besondere göttliche Botschaft zu überbringen...

Wenn Sie innerlich ganz trocken sind, und wenn Sie sich bei dem Gedanken ertappen: „Jetzt muß ich schon wieder in den langweiligen Gottesdienst! Gott möchte ich zwar nicht enttäuschen, aber es fällt mir so schwer, dort hinzugehen. Es gibt keinen Schwung in meinem geistlichen Leben" — dann sollten Sie AUFPASSEN!

Während unseres Lebens dürfen wir, soviel wir wollen, auf dem Freudensee Gottes Schlittschuh laufen. Aber wir müssen uns an den Stellen vorsehen, wo das Eis zu dünn ist. Das ist nicht schwer, denn dort stehen immer Warnschilder mit dem Text: „Betreten des Eises verboten." Von der Bibel her sind die Warnschilder klar zu erkennen.

Wir sollten im christlichen Wandel nicht so viele Sorgen haben. Wer im Lichte wandelt, wird von Angst befreit und muß sich nicht fürchten. Unser Gott schläft und schlummert nicht bis in alle Ewigkeit. Und Er ist es, der uns bewahrt!

Gott liebt uns so sehr, daß Er uns alles im Himmel und auf Erden schenkt und uns zu Miterben Christi macht. Und doch ziehen es einige Menschen vor, sich diesem göttlichen Schutz und Segen zu entziehen. Sie geben sich der Rebellion und dem Götzendienst hin, so daß das Blut Jesu sie nicht mehr mit Gott versöhnen kann.

Wer immer eine Autorität, die über ihn gesetzt ist, ablehnt oder gar aktiv bekämpft, rebelliert. Unsere Autorität ist Gott. Wir rebellieren gegen Ihn, indem wir Seinem Schutz und Segen, Seiner Liebe und Verheißung den Rücken kehren.

Durch die Bibel hindurch zeigt Gott deutlich, welch überschwengliche Segnungen auf uns kommen, wenn wir uns Seinem absoluten Willen unterordnen, aber auch welch ein Fluch über die kommt, die Gott ablehnen oder gegen Ihn rebellieren.

Wer irgendeine Person oder Sache übermäßig achtet oder verehrt, begeht Götzendienst. Götzendienst ist weit mehr als nur das Anbeten eines Götzen. Wer den eigenen Wünschen und Begierden nachgeht, statt Gottes Willen zu tun, ist ein Götzendiener.

Diese Botschaft über Rebellion und Götzendienst ist eines von Gottes Warnsignalen, die uns daran hindern sollen, von Ihm abzukommen. Gabriel wies mich auf 1. Korinther 10 hin. Er zeigte mir Mose und Israel, das auserwählte Gottesvolk. Damals entzogen sie sich dem Schutz der Wolke, genauso wie wir uns dem Schutz des Blutes entziehen. Die Gründe dafür entdeckte ich in diesem 10. Kapitel des 1. Korintherbriefes. Im 1. Vers heißt es: ,,Ich will euch aber, liebe Brüder, nicht in Unwissenheit darüber lassen, daß unsre Väter alle unter der Wolke gewesen und alle durchs Meer gegangen sind.‘‘

Sie hatten alles auf ihrer Seite! Sie wurden aus Ägypten gerettet, ein Schattenbild auf unsere Errettung aus der Welt; und sie wurden geschützt und geschont durch die wunderbare Wolke, die mit ihnen zog.

Aber die Geschichte geht weiter: ,,Und alle sind auf Mose getauft worden mit der Wolke und im Meer und haben alle dieselbe geistliche Speise gegessen und alle denselben geistlichen Trank getrunken; sie tranken nämlich von dem geistlichen Felsen, der ihnen folgte; dieser Fels war Christus. Aber an den meisten von ihnen hatte Gott kein Gefallen, denn ER ließ sie in der Wüste umkommen.‘‘ Sie hatten übernatürliche Erlebnisse gemacht, sie waren unter der Wolke gewesen, aber doch fand Gott an den meisten von ihnen kein Gefallen. Warum nicht? ,,Er ließ sie in der Wüste umkommen.‘‘ Warum? — Weil sie bösen Gelüsten nachgingen! Sie rebellierten gegen Gottes Plan und beteten den Götzen des Vergnügens an!

Was sind ,,böse Gelüste‘‘? Das Verlangen nach Dingen, die Gott uns verboten hat! Er weiß wohl, daß sie uns ins ewige Verderben bringen werden.

Gottes Wort sagt das so: „Das ist aber als warnendes Beispiel für uns geschehen, damit wir nicht am Bösen unsre Lust haben, so wie jene. Werdet auch nicht Götzendiener, wie einige von ihnen es wurden, wie geschrieben steht: »Das Volk setzte sich nieder, um zu essen und zu trinken, und stand auf, um zu tanzen.« Auch laßt uns nicht Hurerei treiben wie einige von ihnen, so daß an einem einzigen Tag 23 000 umkamen" (1. Korinther 10, 6—8).

Sie wurden zu Götzendienern, indem sie Gott durch etwas anderes ersetzten. Sie nannten Ihn zwar noch „Herr", aber sie gehorchten ihm nicht. Dasselbe geschieht heute, weil eine Irrlehre um die ganze Welt geht, die besagt, daß die Unzucht keine Sünde sei! Falsche Lehrer, vor denen die Bibel uns warnt, sagen, das biblische Verbot der Unzucht sei überholt. Eine frühere Generation habe dieses Verbot erfunden, um unseren Spaß zu verderben!

Aber dieses Verbot wurde nicht vor einer Generation erst gegeben, auch nicht vor zwei. Es wurde vor 3000 Jahren von Gott erlassen. Gott ließ dieses Verbot der Unzucht in Sein Wort aufnehmen, weil Er diese Sünde haßt! Wenn wir anfangen, in diesem Punkt gegen Ihn zu rebellieren, so geraten wir auf einen ganz falschen Weg!

Ein junger Mann und eine junge Frau, die infolge der „Neuen Moral" eine „Ehe ohne Trauschein" geführt hatten, gaben ihr Leben neulich dem Herrn. Sie waren froh, als sie entdeckten, daß ihnen die Sünden vergeben waren. Aber sie meinten eine Weile, daß sie weiter sündigen dürften. Wie viele andere junge Menschen heute waren sie durch eine Lebensphilosophie gefangen genommen worden, die Unzucht und andere Formen der Rebellion und des Götzendienstes gutheißt. Preis dem Herrn, dieses Paar erkannte bald danach den Willen Gottes und heiratete!

Einige Menschen heute haben keine Ehrfurcht mehr vor Gottes Wort. „Laßt uns auch nicht Christus versuchen, wie einige von ihnen Ihn versuchten und von den Schlangen umgebracht wurden" (1. Korinther 10, 9). Gott zeigte, wie sehr Er ihren Ungehorsam haßte. Als das Volk gegen Ihn murrte, schickte Er einen Engel und ließ 23 000 an einem Tage umbringen!

WARNUNG: „Darum, wer meint, er stehe, mag zusehen, daß er nicht fällt. Bisher hat euch erst menschliche Versuchung getroffen. Aber Gott ist treu, der euch nicht über eure Kraft versuchen läßt, sondern mit der Versuchung auch ihr Ende schafft, so daß ihr sie bestehen könnt. Darum, meine Lieben, flieht den Götzendienst!" (1. Korinther 10, 12—14).

Verstehen Sie jetzt, wie es sich mit der Versöhnung verhält? Gott heißt die Sünde nie gut! Vielmehr will Er, daß Menschen überall die Gute Nachricht hören und sich nach der Kraft ausstrecken, die sie von ihren Sünden befreien kann. Nur solche, die sich Gott widersetzen und eigene Wege gehen, begeben sich auf dünnes Eis, weil sie auf die Warnschilder nicht geachtet haben. Gott sucht nicht nach Gründen, um Sie in die Hölle zu schicken. Und darum hat Er diese Warnschilder aufgestellt. Er hat das Verlangen, Sie zu retten und Ihnen die Fülle des Lebens zu schenken.

WARNUNG: In der Bibel, da wo Gott Seinen Heilsplan und Seinen Wunsch, die Menschen zu retten und ihre Sünde zuzudecken, auf den Leuchter stellt, gibt es einige ganz bestimmte Warnschilder. Daß Gott einen Heilsplan hat, hebt die Warnungen nicht auf! Es ist Gottes Wille, daß wir mit Ihm wandeln und für Ihn leben sollen. Aber die Warnungen bleiben gültig — bloß müssen wir sie aus der richtigen Perspektive sehen. Menschen, die Gott lieben und für Ihn da sein wollen, sind in Ihm geborgen. Aber Menschen, die Gott nicht ernst nehmen, sind auf dem Weg ins Verderben.

Menschen, die dem Landesgesetz Folge leisten, machen sich keine Sorgen darüber, daß es in der Hauptstadt ein Gefängnis gibt! Sie können ruhigen Gewissens auf einen Polizeibeamten zugehen, ihm in die Augen schauen, ihm sogar die Hand geben und einen freundlichen Gruß mitgeben. Sie machen sich eben keine Sorgen, weil sie keine Verbrechen begangen haben. Genauso sollten wir Gott gegenübertreten können!

WARNUNG: Hüten Sie sich vor dem Verlust ihrer geistlichen Blickrichtung!

Viele, viele Christen gehen auf einer Straße, die den Namen „Bequemlichkeit" trägt. Bequemlichkeit tritt ein, wenn man vergißt, wie wichtig geistliche Dinge sind. Sie wird durch Mangel an Freude in Gott sowie an geistlicher Energie gekennzeichnet. Es ist die Bequemlichkeit, die aus uns spricht, wenn wir sagen: „Es fällt mir heute leichter, zu Hause zu bleiben. Es fällt mir schwer, mich für Gottes Sache zu begeistern. Ich habe soviel zu tun, heute gehe ich nicht in den Gottesdienst!"

Gott hat das richtige Gegenmittel dafür: „Verlaßt eure Gemeindeversammlungen nicht, wie es sich einige angewöhnt haben, sondern ermahnt euch gegenseitig, und das um so mehr, als ihr seht, daß sich der Tag naht" (Hebräer 10, 25). Wenn Sie innerlich ganz trocken sind, und wenn Sie sich bei dem Gedanken ertappen: ,,Jetzt muß ich schon wieder in den langweiligen Gottesdienst! Wie schwer mir das alles fällt!" — dann sollten sie AUFPASSEN! GEFAHR! BETRETEN DES EISES VERBOTEN!

WARNUNG! UNGLAUBE!

Gott möchte, daß wir ein waches Auge haben für das, was Er heute tut. Er ist ein übernatürlicher Gott, und wir sollten an das Übernatürliche glauben! Wenn Sie in diesem Punkt auf Distanz gehen, sehen Sie sich vor!

,,Seht zu, liebe Brüder, daß keiner von euch ein böses, ungläubiges Herz hat, das von dem lebendigen Gott abfällt" (Hebräer 3, 12).

Vielleicht hatten Sie früher ein echtes Interesse für die Gemeinde und die Arbeit des Reiches Gottes, doch gaben Sie dem Geist der Skepsis Raum. Jetzt sind Sie durch Zweifel oder Unglauben auf Distanz gegangen; aber diese Dinge sind Gottes Feinde! Wenn Sie zwar sagen, daß Sie an das Übernatürliche glauben, aber nur einen einzigen Grund angeben können, warum Sie daran glauben — und wenn Sie andererseits neun oder mehr Gründe wissen, warum man nicht unbedingt daran glauben muß, dann sind Ihre Worte hohl! Ich möchte Sie warnen: Sie glauben doch nicht! Ohne es selbst zugeben zu wollen, stellen Sie Gottes Wege in Frage!

Es ist so leicht, zu einem unbeteiligten Beobachter zu werden, der alles aus einer sicheren Distanz wahrnimmt und sagt: ,,Ich möchte mich nicht allzusehr engagieren. Ich möchte lieber neutral bleiben." Aber es gibt einfach keinen neutralen Boden, kein Niemandsland! Entweder ziehen Sie in die eine Richtung oder in die andere!

Wir sollten so sein wie Petrus oder Paulus — Jünger, die Jesus wirklich nachfolgten und bereit waren, ihr Leben für Gottes Sache zu lassen! Ich bin froh, sagen zu dürfen, daß es in der ganzen Weltgeschichte eine Zeit wie diese noch nie gegeben hat, wo Gottes Volk sich Ihm so ganz ausgeliefert hat.

WARNUNG! ,,Ein abtrünniges Herz bekommt genug von seinen eigenen Wegen" (Sprüche 14, 14 — Schlachter Übers.).

Noch lange bevor Sie ganz von Gott abgefallen sind, interessieren

Sie sich nur noch für die Dinge, die Sie persönlich angehen, und nicht mehr für Gottes Sache. Das ist auch ein Warnschild!

WARNUNG! „Was sollen wir nun sagen? Sollen wir in der Sünde beharren, damit die Gnade um so mächtiger wird?" (Römer 6, 1).

Die Gnade Gottes deckt unsere Sünde auf wunderbare Weise zu, aber sie gibt uns keinen Freibrief zum Sündigen. Wir haben Gottes Gnade weder verdient noch erkauft. Wer meint, alles tun zu dürfen, was er will, rebelliert gegen Gott und fährt auf dünnstem Eis Schlittschuh!

WARNUNG! „Als Gottes Mitarbeiter aber ermahnen wir euch, daß ihr Seine Gnade nicht vergeblich empfangt" (2. Korinther 6, 1).

Gottes Gnade ist ein Geschenk, das nicht vergeblich empfangen werden will. Paulus sagt dies in Verbindung mit der Versöhnungslehre und warnt uns eindringlich! „Denn er hat den, der ohne Sünde war, für uns zur Sünde gemacht, damit wir in Ihm die Gerechtigkeit werden, die vor Gott gilt" (2. Korinther 5, 21). Das hat Gott für Sie getan, und Sie sollen darin ruhen können. Aber Gott warnt Sie, dieses Geschenk um weltlicher Vergnügungen willen beiseite zu legen. „Denn Er spricht: »Ich habe dich zur Zeit der Gnade erhört und habe dir am Tage des Heils geholfen.« Siehe, jetzt ist die Zeit der Gnade, siehe, jetzt ist der Tag des Heils. Und wir geben niemand irgendeinen Anstoß, damit unser Dienst nicht in Verruf kommt: sondern in allem erweisen wir uns als Diener Gottes" (1. Korinther 6, 2—4). Halleluja!

Nehmen wir an, Sie hätten für Ihre Küche eine neue Spülmaschine gekauft. Sie freuen sich darüber, daß das Gerät so modern und bequem ist; Sie werden damit viel Zeit sparen! Sie lesen die Gebrauchsanweisung, um zu entdecken, wie Ihre neue Maschine am besten funktioniert. Dabei entdecken Sie ein Schildchen, und darauf steht geschrieben: „WARNUNG! Um mit dieser Spülmaschine die bestmöglichsten Ergebnisse zu erzielen, machen Sie folgendes..."

Nun, stellen Sie sich vor, der Gedanke würde Ihnen kommen: „Diese neue Spülmaschine kann ich gar nicht gebrauchen! Ich könnte doch einen Fehler machen!" Das hieße, Sie hätten all die Vorteile der Maschine vergessen und die Warnung viel zu umfassend gesehen. Das wäre ja töricht!

Bei Gottes Verheißungen und Warnungen verhält es sich auch so. Wenn wir Jesus annehmen und erkennen, wieviel Er für uns getan hat, sind wir von den Vorteilen dieses neuen Lebens begeistert. Wir sind uns sicher, daß Gott Seinen Verheißungen treu bleibt. In Seinem Wort gibt Er uns eine unbegrenzte Garantie! Aber ein Warnschild gibt es auch noch, und es ist nicht umsonst da. Es soll uns helfen, all die Vorteile des christlichen Lebens zu genießen. Deswegen wäre es töricht, dieses Warnschild außer acht zu lassen!

Bei einem Bahnübergang leuchtet das rote Blinklicht auf, wenn ein Zug sich nähert, damit wir nicht über das Gleis fahren und vom Zug erfaßt werden. Ein Feuerwehrauto warnt uns mit der Sirene. Ein Polizeiauto oder Krankenwagen fährt bei Gefahr mit Blaulicht. Das zeigt uns, daß wir an die Seite fahren sollen, um einen Unfall zu verhindern. Oder wenn wir Fieber haben, ist das für uns eine Warnung. Wir sind schon krank, jemand hat uns angesteckt!

Diese Warnungen sind alle zu unserem Vorteil da! Und genauso verhält es sich mit Gottes Warnschildern. Sie wollen helfen, daß wir nicht geistlich umkommen! Das rote Blinklicht am Bahnübergang schützt unser irdisches Leben, aber Gottes Warnschilder schützen unser ewiges Leben! Denn Gott liebt uns so sehr, daß Er überall, wo es notwendig war, Warnschilder aufstellte, um uns zu beschützen.

Kapitel 10

Wenn Gott „Danke schön“ sagt

Der riesige Engel hatte Augen wie glühende Kohlen, und seine Stimme war laut und klar. Er erklärte mir das „Preisgericht der Gläubigen“.

Als ich seine Botschaft hörte, hätte ich vor Freude tanzen können. „Das Preisgericht der Gläubigen ist kein dunkles Tal, durch das alle Christen gehen müssen, bevor sie das Licht Gottes erreichen. Es ist vielmehr der von Gott festgesetzte Tag, an dem Er sich bei Seinem Volk bedanken wird!“

Ich freue mich unwahrscheinlich darüber, daß Gott uns Menschen genug liebt, um uns konkrete Führung zuteil werden zu lassen. Gerade darum möchte ich diese Wahrheiten, die Gott mir gezeigt hat, in der ganzen Welt bekannt machen. Diese Wahrheiten stehen zwar alle schon in der Bibel, werden aber meist viel zuwenig beachtet. Dadurch, daß Gott sie mir durch einen Engel verkündigen ließ, wollte Er gewiß besonders auf sie hinweisen.

Diese Erlebnisse mit den Engeln waren keine Tagträume; ich habe sie mir nicht eingebildet. Gott hat mir bei verschiedenen Gelegenheiten Sein Wort mit Kraft geöffnet.

Schon bei seinem ersten Besuch sprach der Engel über drei verschiedene Themen. Als erstes sprach er vom Charakter Gottes. Er erklärte, wie Gott in Wirklichkeit ist, wie Er den Menschen gegenüber eingestellt ist, und was Ihm besonders wichtig ist. Das zweite Thema war unsere Beziehung zu Gott. Und das letzte Thema war der Jüngste Tag. Ich sollte predigen, daß wir uns auf diesen Tag vorbereiten müssen!

Die erste Botschaft habe ich im zweiten Kapitel dieses Buches („Gute Nachricht für Sie und Ihre Familie“) zusammengefaßt.

Die Botschaft über unsere Beziehung zu Gott finden Sie dann im 8. Kapitel („Die Versöhnung“).

Damals fragte ich den Engel: „Wo steht dies alles in der Bibel?“ Gottes Antwort lautete: „Ich habe alles aufschreiben lassen. Es steht im 4. Buch Mose.“ Dann erklärte mir der Engel die Stelle 4. Mose 23, 21. Das Opfer, auf das Israel damals sein Vertrauen setzte, sei ein Schattenbild auf das große Opfer Jesu, auf das wir unser Vertrauen setzen. Dieses Opfer habe Israel in der Zeit zwischen den jährlichen Versöhnungstagen vor Gott wohlgefällig gemacht.

Ich hatte die Bibel schon so oft durchgelesen, aber diese wunderbare, göttliche Wahrheit hatte ich nicht erkannt. Gott sieht den Menschen anders, als er sich selbst sieht. Gott blickt von oben durch das Versöhnungsblut herab und sieht uns als rein an; wir sehen uns selbst nur aus der menschlichen Perspektive als Sünder.

Fast immer, wenn Gott zu mir sprach, nahm Er Bezug auf diese Wahrheit. Gott möchte, daß wir erkennen, welche Stellung wir in Ihm haben. Solange wir für den Herrn leben wollen und Ihn als Heiland annehmen, wird unsere Schuld durch Sein Blut zugedeckt. Gott sieht uns durch das Blut! In Christus sind wir in Seine Liebe eingehüllt. Deswegen dürfen wir getrost und zuversichtlich auf den Tag warten, von dem der Apostel Paulus schrieb: „Ich weiß, auf wen ich mein Vertrauen gesetzt habe, und bin gewiß, Er besitzt die Macht, das mir anvertraute Gut bis auf jenen Tag zu bewahren“ (2. Timotheus 1, 12). An jenem wunderschönen Tag werden wir unseren Lohn empfangen.

Wir sollten gerade über die Dinge Bescheid wissen, die Gott wichtig sind, denn dann werden sie uns auch wichtig. Gott sind vor allen Dingen die Menschen wichtig: „Das aber ist ein Fasten, an dem ich Gefallen habe: Laß los, die du mit Unrecht gebunden hast, laß ledig, auf die du das Joch gelegt hast! Gib frei, die du bedrückst, reiß jedes Joch weg! Brich dem Hungrigen dein Brot, und die im Elend ohne Obdach sind, führe ins Haus! Wenn du einen nackt siehst, so kleide ihn, und entzieh dich nicht deinem Fleisch und Blut!“ (Jesaja 58, 6—7).

In diesen Versen zeigt uns Gott, wie Er wirklich denkt — was Ihm eigentlich wichtig ist!

Der Engel sagte, daß wir Menschen eine Menge „gute Werke" tun, die keinen Ewigkeitswert haben. Vielleicht sind diese Dinge tatsächlich für den Ablauf unseres täglichen Lebens unerläßlich, aber in der Ewigkeit werden sie keinen Bestand haben. Unter anderem erwähnte der Engel gewisse Bücher, die zwar an sich wertvoll sind, aber nicht auf die Bedürfnisse der Menschen eingehen.

Unsere kirchlichen Aktivitäten haben nur dann Ewigkeitswert, wenn sie den Menschen wirklich dienen. Das gilt für Musikfeste oder sogar für Predigten! Auch eine Predigt, die viele Informationen bietet und die vor Tausenden von Menschen erfolgreich gehalten wird, dient nicht unbedingt dazu, die Not des einzelnen zu lindern. Solche Predigten können vielleicht eine allgemeine Richtung aufweisen, aber bleibenden Wert haben sie nicht.

Mit unseren Kirchengebäuden verhält es sich genauso. Sie dienen einem guten Zweck, aber Gott kann auch ohne sie wirken. Im Himmel hat Er sowieso Gebäude, die unsere besten in den Schatten stellen.

Der Engel erwähnte auch unser Spendensystem. Wenn jemand nur deshalb Geld spendet, weil er sich dadurch Ansehen verschaffen kann, verliert er den Lohn, den er sonst im Himmel bekommen hätte. Menschen sind in ihrer Missionstätigkeit gescheitert, weil sie dabei Anerkennung suchten. Ein Geben aber, das erst motiviert werden muß, wird bei Gott keine Anerkennung finden. Wir Christen sollten von Herzen geben! Der Engel faßte diese ganze Botschaft so zusammen: „Diese Aktivitäten können in diesem Leben befriedigen, aber sie bleiben nicht bestehen."

Als ich dann fragte, was wohl bestehen kann, wies er mich auf Philipper 4, 17—18 hin. Paulus ermahnte die Gemeinde zu Philippi, trotz eigenen Mangels zu geben. Er hatte ihre Gabe zwar nicht nötig, aber er suchte die Frucht, „damit sie euch reichlich angerechnet wird". Wenn sie vor dem Richterstuhl Christi erscheinen, wird offenbar, daß diese Menschen zu Philippi etwas Besonderes leisteten, und zwar nicht um des Lohnes, sondern um Gottes willen.

Jesus betete (Johannes 15, 16), daß die Frucht unseres Lebens bleiben möge. Weil Gott uns so sehr liebt, möchte Er, daß wir Ewigkeitsfrucht tragen!

Dieser dienstbare Geist muß schon oft bei mir gewesen sein. Vor vielen Jahren lag ich sehr krank im Krankenhaus und hörte fast täglich eine Stimme zu mir sprechen: „Stärke das andre, das sterben will.“ Der Engel hat heute dieselbe Botschaft. Wir sollen die Dinge in unserem Leben befestigen, die Ewigkeitswert haben.

Wir Menschen sind für Gott besonders wertvoll. Wer wissen möchte, wo Gott wohnt, der sollte einmal dorthin schauen, wo die Menschen wohnen. Gott wohnt überall da, wo es menschliche Not, menschliche Probleme gibt. Gott macht sich die Not der Menschen zu eigen, denn Er möchte helfen. Wenn wir auch so weit kommen, daß wir die Not wahrnehmen und die Menschen in unser Herz schließen, dann steht uns in der Ewigkeit ein Lohn zu!

Alles andere wird seine Richtigkeit haben, doch möchte Gott vor allen Dingen, daß wir die Menschen lieben und ihnen helfen. Diese göttliche Liebe zeigt sich, wenn wir mit jemandem, der eine Not hat, wirklich mitleiden. So liebt nämlich Gott!

Vor kurzem fragte ich die Kinder in unserer Gemeinde, wie sie sich Jesus vorstellen. Hier einige Antworten: „Jesus ist jemand, der mir gerne helfen will.“ „Ich weiß, daß Er mir zu essen geben würde, wenn ich Hunger hätte.“ „Wenn ich krank wäre, würde Er mich heilen wollen.“ „Er liebt mich!“ So verstehen kleine Kinder Gottes Botschaft!

Es ist Gottes Wille für uns, daß wir Jesus ähnlich werden; und Jesus war immer dort zu finden, wo Menschen in Not waren.

Der Engel gab mir auch eine Botschaft über unsere familiären Beziehungen. Wichtig sei nicht, was wir für unsere Familie tun, sondern ob wir sie *lieben!* Vielleicht hat uns ein Glied der Familie Ärger gemacht, ausgenutzt oder belogen. Da war unsere Geduld zu Ende, und wir wollten mit ihm nichts mehr zu tun haben. Aber es ist nicht Gottes Wille, daß wir diesem Menschen wehtun. Vielmehr sollten wir ihm den Charakter Gottes zeigen und ihn lieben, ihm hilfreich sein!

Das gilt natürlich nicht nur für unsere irdische Familie, sondern auch für die göttliche Familie, die Gemeinde. In Galater 6, 10 steht geschrieben, daß wir an jedermann Gutes tun sollten, am meisten aber an den Glaubensgenossen. Wir sind Jesu Vertreter in dieser Welt und sollten Ihm ähnlich sein, wenn wir himmlischen Lohn empfangen möchten. Wir können den Einsamen Gemeinschaft leisten, wir können Schmerzen lindern, wir können den Ausweg aus der

Frustration aufzeigen! Jesus sagte: „Was ihr einem von diesen Meinen geringsten Brüdern getan habt, das habt ihr Mir getan" (Matthäus 25, 40). Das wird uns bei Gott gutgeschrieben.

Der Engel meinte, es sei wichtiger, wie Jesus den Menschen zu helfen, als nur Zeugnis zu geben. Das hat mich überrascht! Aber wir haben uns zu sehr an die Idee gewöhnt, nichts anderes für Gott zu tun, als auf die Straße zu gehen und Menschen für Christus zu gewinnen. Aber der Engel sagte mir: „Wenn du einem Menschen hilfst, wirst du ihm zum lebendigen Wort. Damit sagst du ihm: »Ich liebe dich, und Gott liebt dich auch!«"

Das will nicht heißen, daß wir uns selbst in den Vordergrund stellen sollten; vielmehr soll Jesus einfach Sein Leben durch uns ausleben können. Die Menschen brauchen kein totes, gedrucktes Wort, sondern sie brauchen das Lebendige Wort! Und wir können es alle vorleben! Das ist viel wichtiger, als Zeugnis zu geben, Bibelstellen zu zitieren oder sogar in der Gemeinde zu unterweisen. Wir sollten nicht nur Zeugnis *geben,* sondern Zeugnis *sein.* Daran werden die Menschen erkennen, wie Jesus wirklich ist.

Das kann jeder! Man braucht kein besonderes Talent dafür. In dieser Weise kann jeder Christ einen Betrag auf sein himmlisches Konto jeden Tag überweisen, denn es gibt soviel Not auf dieser Erde. Wer einen anderen liebt, zeigt ihm damit Gottes Wesen und verdient dabei selber göttlichen Lohn!

In dieser Zeit vor der Wiederkunft unseres Herrn Jesus sollten wir dafür sorgen, daß uns viel Lob von Gott zukommen wird. Dabei sollte unsere Motivation nicht das Lob sein, sondern die Not der Menschen. Gott möchte Menschen helfen, und wir, die wir mit Ihm leben, sollten das auch. Wenn wir vom Heiligen Geist geleitet sind und in Liebe handeln, können wir sicher sein, Gott zu gefallen.

In Matthäus 25, 35—40 lehrte Jesus, daß wir in Wirklichkeit Ihm dienen, wenn wir einem Hungernden zu essen, einem Durstenden zu trinken geben oder jemandem allgemein helfen. Ein Besuch in einem Altersheim, um einen alten Menschen zu ermuntern; ein paar Stunden, in denen wir uns um ein kleines Kind kümmern, dessen Mutter zu müde ist, um mit ihm zu spielen — diese Dinge werden uns angerechnet. Unsere Liebestaten für Jesus werden immer im Himmel niedergeschrieben!

Es ehrt Jesus in besonderer Weise, wenn wir deprimierten oder kaputten Menschen helfen, ihren Selbstwert zurückzugewinnen und ihre Minderwertigkeitskomplexe zu überwinden.

Gott liebt die Menschen, aber das können sie nur erfahren, wenn Sie und ich diese Liebe vorleben. Und um das zu können, müssen wir diese Liebe zuerst an uns selbst erfahren haben! Denn Gott hat gesagt: „Ein Weiser rühme sich nicht seiner Weisheit, ein Starker rühme sich nicht seiner Stärke, ein Reicher rühme sich nicht seines Reichtums. Sondern wer sich rühmen will, der rühme sich dessen, daß er klug sei und Mich kenne, daß Ich der HERR bin, der Barmherzigkeit, Recht und Gerechtigkeit übt auf Erden" (Jeremia 9, 22—23).

Die Menschen sind sehr oft verwirrt in ihrem Denken und meinen, man kann nur dann für Gott etwas tun, wenn es in besonders frommer Weise geschieht. Es ist auch manchmal recht schwer, einem Menschen geistlich zu dienen. Aber wir können helfen, ihre anderen Nöte — leibliche, materielle oder seelische — zu lindern. Jesus selbst hat den Menschen immer auf geistlicher und auch auf materieller Ebene geholfen.

Ich kann ein Beispiel nennen. Eines Tages kam ein Homosexueller zu mir ins Büro. Persönlich hasse ich diese widernatürliche Lebensweise, und während des Gespräches mußte ich echt mit mir kämpfen, denn der Mann wollte gar nicht, daß ich mit ihm bete; er wollte nicht einmal zugeben, daß er von der Homosexualität befreit werden müsse. Aber seit einiger Zeit hatte er nichts mehr zu essen bekommen und war hungrig. Da mußte ich mir die Frage stellen: „Was hätte Jesus in dieser Situation getan?" Ich wußte, daß Jesus den Sünder nicht mit seiner Sünde gleichsetzen würde, also durfte ich das auch nicht. Indem ich dann von der Finsternis in seinem Leben absah, entdeckte ich, daß auch er ein Geschöpf Gottes ist. Der Mann hatte Hunger!

Jesus sagte: „Wenn dein Feind Hunger hat, gib ihm zu essen." In diesem Falle fiel mir das recht schwer, denn ich mußte immer an die vielen Menschen denken, die das Essen viel eher verdient hatten als dieser Mann.

Aber trotzdem sagte ich ihm: „Ich weiß, wie Sie leben. Sie können Ihre Sünde nicht verbergen. Aber weil Sie Hunger haben, will ich Ihnen zu essen geben, denn Gott möchte Ihren Hunger stillen." Dann setzte ich ihm eine Mahlzeit vor.

Ich habe das nicht deswegen getan, weil ich etwas von Gott verdienen wollte, und doch weiß ich, daß Gott diese gute Tat bei sich aufgeschrieben hat. Ich war nicht von irgendwelchen Gedanken an einen Lohn motiviert, sondern die Liebe Gottes wirkte durch den Heiligen Geist in meinem Herzen. Das war für mich Motivation genug. „Die Frucht des Geistes ist Liebe, Freude, Friede, Geduld, Freundlichkeit, Güte, Treue, Sanftmut, Selbstbeherrschung" (Galater 5, 22). Diese Gotteseigenschaften möchte Gott durch uns den Menschen offenbaren.

Ich wollte, ich hätte viel früher entdeckt, wie sehr Gott die Menschen liebt! Als Jesus auf dieser Erde war, suchte Er gerade die Menschen auf, die in Not waren. Und heute sucht Er sie immer noch! Den Scharen von Menschen, die Ihm dienen wollen, sagt Er: „Geht dorthin, wo die Not am größten ist." Es wird uns angerechnet, wenn wir einem Kranken eine leckere Mahlzeit zubereiten oder jemandem sonstwie den Tag schön machen.

Es ist auch sehr wichtig, daß wir solche lieben, die nicht zur Familie Gottes gehören. Es gehört zur Liebe, Waisen und Witwen zu helfen, die nicht mehr wohin wissen mit ihren Problemen. Gott sagte durch den Engel: „Dies ist ein reiner und unbefleckter Dienst vor Gott. Er hat Ewigkeitswert und wird vor Gott niedergeschrieben."

Ich kann mich entsinnen, früher einmal Predigten über die Hölle gehört zu haben, die die Menschen regelrecht in Todesangst versetzten. Damit wollte man den Zuhörern die Furcht Gottes einjagen! Einmal hörte ich einen solchen Höllenprediger etwa so sprechen: „Gott nimmt alle die Sünden, die Er dir noch nicht vergeben hat und hält sie dir über den Kopf, damit du auf dem richtigen Wege bleibst! Du wirst dich einmal für jede Sünde verantworten müssen! Gott führt Buch darüber, nichts wird vergessen! Am Jüngsten Tage wird Gott Leinwand und Projektor hervorholen und alle deine Sünden vor aller Welt, ja, sogar vor deiner Familie und deinen Freunden vorführen! Alles Unrecht, was du vor deiner Bekehrung tatest, ist dir zwar vergeben worden, aber jede Sünde, die du seither begingst, wurde aufgeschrieben und wird eines Tages gegen dich verwendet werden?" Bei solchen Botschaften haben die Zuhörer natürlich das Fürchten gelernt. Wohl hat der Prediger auf diese Weise einige Menschen zu Gott führen können; trotzdem preise ich den Herrn dafür, daß diese Angstbotschaft nicht stimmt!

Der Engel machte mir klar, daß diese Art zu predigen Gott nicht gefallen kann, denn sie widerspricht Seinem Wesen. Wenn jemand seine Sünde bekannt hat, dann braucht er keine Angst mehr zu haben, denn Gott wird nie wieder daran denken. Allen, die auf solche Predigten eingegangen sind und geglaubt haben, am Tage, wenn sie vor Christus erscheinen, für vieles beschuldigt zu werden, möchte ich eine gute Nachricht weitersagen: Es wird Ihnen nicht so ergehen. Dieser Gerichtstag wird wunderschön sein, denn Gott will Sie nicht verurteilen, sondern sich bei Ihnen bedanken!

Unser Fundament ist Christus, und Er ist unwandelbar. Setzen Sie doch Ihr Vertrauen auf dieses unbewegliche Fundament! Bauen Sie Ihren Glauben darauf auf! Und dann sagt Ihnen Gott, daß alles, was Sie im Sinne Jesu tun, Ewigkeitswert haben wird.

Der Evangelist Lukas (3, 17) gibt uns zu verstehen, daß Gott an jenem Tage den Weizen von der Spreu trennen wird. Gott sucht auch in Ihrem Leben nur die wertvollen Weizenkörner. Der Engel sagte buchstäblich: ,,Gott interessiert sich nicht für Spreu.'' Er entfernt die Spreu aus Ihrem Leben, damit nur das Vollkommene und das Jesusähnliche übrigbleibe. Gott zeigt nur Interesse für das, was innerhalb der Spreu zu finden ist, nämlich das Weizenkorn. An jenem Tage wird die Schale endgültig abgetan werden, und Gott wird innen drin das Leben finden, das ewig währt. Halleluja!

In 1. Korinther 3, 12 bezieht sich Paulus auf das ewige Fundament: ,,Ob aber jemand auf diesen Grund (oder dieses Fundament) baut Gold, Silber, kostbare Steine, Holz, Heu oder Stroh — das Werk eines jeden wird offenbar werden. Der Tag des Gerichts wird es erweisen; denn mit Feuer wird er sich offenbaren. Und von welcher Art das Werk eines jeden ist, wird das Feuer erproben.'' Dieser Vers beschreibt die Entfernung und Verbrennung der Spreu. Das ewig Wertvolle unseres Lebens wird dann offenbar.

Vor dem Richterstuhl Christi werden die Dinge dieser Welt vergehen, aber der Christ empfängt an jenem Tage großen Lohn. Gott wird Seinem Volk ein Lob aussprechen. Beim Preisgericht werden keine tadelnden Worte ausgesprochen, denn alle Strafe hat Jesus schon auf Golgatha erlitten.

Wenn das Licht des Himmels vor uns zu glühen anfängt und das Irdische schmilzt und verschwindet, da wird ein gläubiges Volk aus allen Ebenen des geistlichen Wachstums und Lebens hervorgeholt werden. Alles Vergängliche wird verschwinden, aber alle, die Gott gefallen haben, werden auf diesem festen Fundament vor Ihm dastehen.

Gott freut sich ganz besonders auf diesen Tag! Paulus schrieb oft von ihm: „Ich bin gewiß, Er besitzt die Macht, das mir anvertraute Gut bis zu *jenem Tag* zu bewahren." „Darum richtet nicht vor der Zeit, ehe der Herr kommt. Er wird ans Licht bringen, was im Finstern verborgen ist, und wird das Trachten der Herzen offenbar machen. Dann wird ein jeder *von Gott sein Lob* empfangen" (2. Tim. 1, 12; 1. Korinther 4, 5).

Jeder, der dabei sein wird, wird diese Worte hören: „Danke, danke, du hast eine gute Arbeit getan!" Einige von uns arbeiten natürlich mehr als andere, aber es werden alle dieses Lob zu hören bekommen.

„Dann wird ein jeder von Gott sein Lob empfangen." Der Tag wird alles ans Licht bringen. An jenem Tage wird all das Gute, was Gott über Sie aufgeschrieben hat, bekannt werden. Und da Gott nichts Unbedeutendes tut, wissen wir, daß es Ihm sehr viel bedeuten wird, Sie bei der Hand zu nehmen, Ihnen ins Auge zu schauen und Ihnen direkt ins Angesicht zu sagen: „Danke schön! Danke für alles, was du für Mich getan hast!" Jedermann wird diese Worte hören: „Danke, du hast eine gute Arbeit getan!"

Von meinem menschlichen Standpunkt aus kann ich nicht begreifen, daß sich Gott jemals bei mir würde bedanken wollen. Aber der Engel versicherte mir, auch ich würde an jenem Tage wegen Gottes Liebe zu mir diese Worte hören: „Danke, Roland Buck!"

Ein wenig fragte ich den Engel über diesen Vers aus dem 1. Korintherbrief aus. Was heißt das: „Was im Finstern verborgen ist, und das Trachten der Herzen?" Seine Antwort war: „Gott wird die verborgenen Winkel der Herzen derer erhellen, die Ihm aus Liebe und nicht aus Ruhmessucht gedient haben. Auch für ihre heimlichen Dienste soll ihnen gedankt werden." Für böse Taten wird uns natürlich kein Dank zukommen! Aber hier werden die verborgenen, guten Taten offenbar, von denen bisher keiner etwas wußte. Gott wird auch Ihnen allerlei Gutes über Ihr Leben sagen, Sachen, die Sie selber nicht einmal wußten! Er kennt ja auch Ihre Gedanken, und alle guten Gedanken sind eines Lobes wert!

Ich weiß nicht, wann Jesus wiederkommen wird! Es wäre sehr

schön gewesen, wenn mir der Engel das hätte sagen können, aber das konnte er eben nicht. Aber die Ereignisse, die zu Jesu Wiederkunft führen werden, spielen sich vor unseren Augen ab, und die Engel bereiten alles genau vor. Doch dürfen wir den genauen Zeitpunkt nicht erfahren! Heute werden mehr Menschen denn je zuvor von Gott angerührt und in Seinen Dienst gestellt!

Es werden sich auch noch viel mehr Menschen bekehren, wenn sie sehen, daß wir Christen Gottes Auftrag erledigen und auf ihre Bedürfnisse eingehen. So geht das viel besser, als wenn wir sie zwingen wollen, zu Christus zu kommen. Die Menschen heute haben sowieso einen geistlichen Hunger und sehnen sich nach jemandem, der für sie ein fleischgewordenes Wort sein kann. Und gerade das kann jeder Christ, auch ohne besondere Ausbildung! Wir alle haben die Fähigkeit, Gottes Liebe auszustrahlen!

Wer weiß, daß Gott ihm eines Tages Sein Lob aussprechen wird, bekommt Lust, Menschen zu helfen!

Bei allen Botschaften, die die Engel überbrachten, legte Gott sehr viel Gewicht auf unsere familiären Beziehungen. Vielleicht gibt es auch in Ihrer Familie jemanden, den Sie lange Zeit nicht mehr gesprochen haben. Rufen Sie doch den Betreffenden an, sagen Sie ihm vielleicht folgendes: „Ich bin so sehr auf den Himmel gespannt. Da wird unsere Beziehung zueinander ganz heil sein, denn Gott hat die Absicht, ganze Familien zu sich zu bringen!“ Es fällt uns oft unwahrscheinlich schwer, gerade mit unseren eigenen Verwandten zu sprechen. Aber ihnen können wir sehr leicht die Liebe Jesu praktisch zeigen!

Diese Welt braucht Jesus! Die Menschen müssen *Ihn* sehen, aber das können sie nur durch uns.

Zuletzt sagte mir der Engel noch etwas sehr Wichtiges. Wenn wir an Jesu Stelle hinausgehen und uns um die Nöte anderer kümmern, wird sich Gott auch um die Nöte in unserem Leben kümmern! Der Engel meinte, wir sollten aus Jesaja 58 Gottes Willen in Erfahrung bringen. Ich schlug die Stelle nach, und dort stand alles genau geschrieben, wie der Engel es gesagt hatte:

„Das aber ist ein Fasten, an dem ich Gefallen habe: Laß los, die du mit Unrecht gebunden hast, laß ledig, auf die du das Joch gelegt hast! Gib frei, die du bedrückst, reiß jedes Joch weg! Brich dem Hungrigen dein Brot, und die im Elend ohne Obdach sind, führe ins

Haus! Wenn du einen nackt siehst, so kleide ihn, und entzieh dich nicht deinem Fleisch und Blut! Dann wird dein Licht hervorbrechen wie die Morgenröte, und deine Heilung wird schnell voranschreiten, und deine Gerechtigkeit wird vor dir hergehen, und die Herrlichkeit des HERRN wird deinen Zug beschließen. Dann wirst du rufen, und der HERR wird dir antworten. Wenn du schreist, wird Er sagen: Siehe, hier bin Ich. Wenn du in deiner Mitte niemand unterjochst und nicht mit Fingern zeigst und nicht übel redest, sondern den Hungrigen dein Herz finden läßt und den Elenden sättigst, dann wird dein Licht in der Finsternis aufgehen, und dein Dunkel wird sein wie der Mittag. Und der HERR wird dich immerdar führen und dich sättigen in der Dürre und dein Gebein stärken. Und du wirst sein wie ein bewässerter Garten und wie eine Wasserquelle, der es nie an Wasser fehlt" (Jesaja 58, 6—11).

Wenn Sie der Welt anhand Ihres gerechten Lebens zeigen, daß Jesus in Ihnen wohnt, sollten Sie dabei niemals vergessen, die Heilsbotschaft wie eine Wasserquelle aus sich herausfließen zu lassen. So war nämlich Jesus. Er hat nie vergessen, daß des Menschen erste Not eine geistliche ist; und das dürfen wir auch nicht vergessen! Alle Nöte sind wichtig, geistliche und materielle!

Wenn immer wir uns um Menschen kümmern und ihnen Gottes Liebe zeigen, schreibt sich das Gott in Sein Buch. Am Jüngsten Tage wird Er sich dann bei jedem einzelnen von uns bedanken!

Gewiß, das können wir mit unserem kleinen Menschenverstand nicht begreifen. Doch bleibt es wahr: An jenem Tage wird uns Gott grüßen, herzlich willkommen heißen und dann sagen: „Ei, du frommer und getreuer Knecht! Danke schön!"

Kapitel 11

Dienst auf den Philippinen

... Um etwa 4 Uhr morgens ging das Licht in meinem Zimmer an und ich wurde geweckt. Es war ein Zweibettzimmer; und als ich zum anderen Bett hinüberschaute, sah ich den Engel Gabriel sitzen.

„Wie hast du mich bloß hier gefunden?"

„Das war für uns gar kein Problem! Schließlich haben wir deine Reise hierher geplant!" antwortete Gabriel.

Man bekommt ein recht seltsames Gefühl, wenn man vor dem Abflug in ein fremdes Land im Flughafen sitzt und sich fragt, was alles wohl passieren werde, wenn man ankommt. Genauso erging es mir an einem Samstag abend im Flughafen von San Francisco, als ich den unwiderstehlichen Drang hatte, nach den Philippinen zu fliegen.

Eine Woche vorher war mir der Engel Gabriel begegnet. Er hatte mit mir über den Dienst gesprochen, den ich dort tun sollte, und gab mir die Gewißheit, daß die Reise von Gott selbst geplant worden war. Er gab mir auch einige Namen von Menschen, bei denen er am Wirken gewesen war, und sagte, ich würde sie auf alle Fälle dort antreffen. Nicht alle wären für den Dienst von Bedeutung, aber die Namen sollten mir bestätigen, daß dieser Dienst von Gott käme. Die Reise sollte kein Urlaub sein!

In San Francisco mußte ich sechseinhalb Stunden warten, da der Flug nach den Philippinen erst um Mitternacht losging. Um etwa 11 Uhr meldete ich mich an, erhielt meine Platzkarte und setzte mich dann in die Vorhalle, um die vielen Menschen zu beobachten, die dort hin- und herliefen. Im Geiste war ich voll darauf eingestellt,

Gottes Wirken zu sehen, und daher war ich auf alles gespannt, was kommen würde.

Der Sitzplatz neben mir war leer, und bald setzte sich dort ein junger Filipino. Es kam zu einem interessanten Gespräch, und, als wir dann ins Flugzeug einstiegen, entdeckten wir, daß wir auch dort nebeneinander zu sitzen hatten. Sofort dachte ich an die Namen, die Gabriel mir gegeben hatte. Der erste hieß SARIANO, also holte ich tief Luft und fragte den jungen Mann, ob man seinen Namen „Sariano" aussprechen müsse. Sie hätten sehen sollen, wie überrascht er war! Er regte sich sogar sehr darüber auf, daß ich seinen Namen kannte, und schaute sich um, ob ich ihn nicht irgendwo abgelesen hätte. Als er merkte, daß dies nicht der Fall war, stand er schnell auf und suchte sich einen anderen Sitzplatz in einem anderen Teil der Maschine, denn das Flugzeug war nicht voll besetzt. Dadurch bekam ich zwei Sitzplätze für mich allein und konnte mich bis Hawaii hinlegen und schlafen.

Aber als wir in Hawaii waren, bat uns die Stewardeß, die reservierten Plätze zu besetzen, da neue Fluggäste zusteigen wollten. Widerwillig nahm der junge Mann seinen alten Platz ein. Ich dachte, ich sollte ihn etwas beruhigen, denn der Flug dauerte noch zehn Stunden. So lange sollte er sich nicht aufregen müssen!

Also erzählte ich ihm ganz ehrlich, daß ich seinen Namen vom Engel Gabriel erhalten hatte. Da wollte er schon wieder weglaufen! Aber es gab keine leeren Plätze mehr, und er mußte bleiben. Ich erklärte ihm, daß Gott ihn liebe. Diese Reise sei kein bloßer Urlaubsbesuch, denn er sei von Gott dazu bestimmt, seiner Familie die Gute Nachricht zu bringen. Ich versicherte ihm, daß Gott sein ganzes Leben kenne und für ihn sorgen werde.

Er meinte dann: „Wie kann mich Gott denn kennen? Ich kenne Gott jedenfalls nicht. Ich gehe nur ab und zu zur Beichte. Wahrscheinlich erzählt der Priester Gott etwas über mich; aber persönlich kenne ich Gott nicht." Ich sagte ihm, daß Gott ihn persönlich kenne und diese Reise geplant habe. Gott habe mir sogar seinen Namen genannt und dafür gesorgt, daß er neben mir sitzen würde! Und das, obwohl es im Flugzeug 300 Sitzplätze gebe!

Als ich ihm das alles erzählte, starrte er mich vor Überraschung regelrecht an. „Meinen Sie nicht, daß Gott zu viel zu tun hat, um sich um mich zu kümmern? Kann Er wirklich jemanden lieben, der Ihn noch gar nicht kennt?" Ich antwortete: ,,Doch! Sie sind zwar unbedeutend, und Gott ist so groß, aber Er liebt Sie trotzdem und möchte, daß Sie sich Ihm ausliefern. Damit können Sie Ihm zeigen, daß Sie für Seine Liebe dankbar sind."

An Ort und Stelle nahm dieser junge Mann Jesus als seinen Herrn und Heiland auf! Danach sagte er begeistert: ,,Ich muß Ihnen unbedingt etwas über meinen Vater und meine Familie erzählen. Oft hat mein Vater zu den Sternen aufgeschaut und gesagt: »Irgendwo muß es doch einen Gott geben, wenn wir Ihn nur finden könnten.«" Er fuhr fort: ,,Jetzt fliege ich ja zu ihm zurück und werde ihm sagen, daß er recht hatte. Es gibt tatsächlich einen Gott, und ich habe Ihn gefunden!"

Ich fragte ihn dann ein wenig über seine Familie aus. Unter Familie verstand ich natürlich die nächsten Angehörigen, doch klärte er mich in dieser Hinsicht recht bald auf: ,,Meine Familie bewohnt eine ganze Siedlung. Als ich vor 13 Jahren in die USA auswanderte, bestand meine Familie aus etwa 400 Menschen. Heute weiß ich nicht, wie viele es sind — wahrscheinlich 700 oder mehr. Und ihnen allen werde ich diese Gute Nachricht weitersagen! Alle sollen sie wissen, daß Gott sie ganz persönlich liebt!"

Es hat mich noch mehr begeistert, als er hinzufügte: ,,Die Engel haben sich um mich gekümmert. Sie könnten sich doch auch um meine Familie kümmern. Was meinen Sie, darf ich das auch weitersagen?"

,,Aber sicher, das ist Gottes Auftrag für Sie. Gott liebt Ihre Familie so sehr, daß Er mir Ihren Namen nannte. Sie dürfen als Botschafter Gottes zurückkehren!"

Er war sehr bewegt. Er schaute mir direkt in die Augen und sagte: ,,Das ist die wichtigste Aufgabe, die ich jemals hatte." Er wußte, daß hier etwas Besonderes geschehen war, denn ich hätte seinen Namen nie ohne göttliche Offenbarung erfahren können. Aus diesem jungen Mann wurde sofort ein Missionar!

Diese Reise auf die Philippinen war eines der 120 Ereignisse, die mir Gott vorher aufgeschrieben hatte, aber die Einladung von den Brüdern dort traf erst zwei Monate vor dem Datum meiner Abreise ein. So eine lange Reise würde natürlich viel Geld kosten — ich schätzte um 1730 Dollar. Wie wollte mir Gott soviel Geld auf einmal beschaffen? Die Antwort darauf entdeckte ich recht bald, denn ich empfing gleich am nächsten Tag einen Scheck über 1730 Dollar von jemandem, von dem ich so etwas nicht erwartet hatte.

Gabriel kam zu mir ins Büro, um mir einige Hinweise für den Dienst auf den Philippinen zu geben. Er sah fast besorgt aus und ging ständig hin und her. Gott sei auch besorgt, daß überall auf der Welt Menschen die Heilsbotschaft hören und danach wieder einschlafen. Gott schüttele diese Reise nicht aus dem Ärmel, sie sei Teil Seines ewigen Planes.

Gabriel sagte, ich sollte meine Botschaften auf den Philippinen dem 96. Psalm und den ersten beiden Versen des 97. Psalms entnehmen: „Singet dem HERRN ein neues Lied; singet dem HERRN alle Welt! Singet dem HERRN und lobet Seinen Namen, verkündet von Tag zu Tag Sein Heil! Erzählet unter den Heiden von Seiner Herrlichkeit, unter allen Völkern von Seinen Wundern! Denn der HERR ist groß und hoch zu loben, mehr zu fürchten als alle Götter. Denn alle Götter der Völker sind Götzen; aber der HERR hat den Himmel gemacht. Hoheit und Pracht sind vor IHM, Macht und Herrlichkeit in Seinem Heiligtum. Ihr Völker, bringet dar dem HERRN, bringet dar dem HERRN Ehre und Macht! Bringet dar dem HERRN die Ehre Seines Namens, bringet Geschenke und kommt in Seine Vorhöfe! Betet an den HERRN in heiligem Schmuck; es fürchte Ihn alle Welt! Sagt unter den Heiden: Der HERR ist König. Er hat den Erdkreis gegründet, daß er nicht wankt. Er richtet die Völker recht. Der Himmel freue sich, und die Erde sei fröhlich, das Meer brause und was darinnen ist; das Feld sei fröhlich und alles, was darauf ist; es sollen jauchzen alle Bäume im Walde vor dem HERRN; denn Er kommt, denn Er kommt, zu richten das Erdreich. Er wird den Erdkreis richten mit Gerechtigkeit und die Völker mit Seiner Wahrheit."

„Der HERR ist König; des freue sich das Erdreich und *seien fröhlich die Inseln, soviel ihrer sind.* Wolken und Dunkel sind um Ihn her, Gerechtigkeit und Gericht sind Seines Thrones Stütze."

Der Sonntag war ein ungewöhnlicher Tag. Mein erster Gottesdienst war im „Holiday Inn" und war von den „International Hotel Ministries" organisiert. Der Saal war voller Menschen, und alle sahen sie wie wichtige Persönlichkeiten aus. Das interessierte mich besonders, denn ich hatte mir vorgestellt, die Philippinen seien sehr arm und man müsse hier das Evangelium unter den Allerärmsten verkünden. Doch fand eben dieser erste Gottesdienst in einem der schönsten Gebäude statt, die ich jemals gesehen hatte. Die Männer hatten alle Anzug und Krawatte an, die Frauen trugen schöne Kleider. Die Frauen hatten ihre langen, schwarzen Haare hoch über ihrem Kopf zu einem Knoten gewickelt. Sie sahen alle so zivilisiert aus, ich hätte meinen können, ich sei bloß in eine andere Stadt in Amerika geflogen! Meiner Vorstellung von den Philippinen entsprach das ganz und gar nicht.

Am Abend hielt ich dann einen zweiten Gottesdienst in der „Glaubensgemeinde" in Manila. Als ich hier ankam, sah ich nichts von dem Reichtum, den ich am Vormittag zu sehen bekommen hatte. Statt dessen sah ich viele Menschen, die trotz ihrer Armut Gott von ganzem Herzen liebten. Der Saal ist in einem Stadtviertel, wo Gewalt und Verbrechen überhandnehmen; vor jedem Fenster war ein Gitter, wie in einem Gefängnis. Welch ein Unterschied zu der Pracht, die ich am Vormittag erlebt hatte!

Ich übernachtete die erste Zeit im Gasthaus der Wycliff-Bibelübersetzer. Sie haben einen größeren Gebäudekomplex, wo etwa 70 Gäste auf einmal aufgenommen werden können. Dort durfte ich diese lieben Menschen kennenlernen und ihnen dienen. Sie haben ihr ganzes Leben dem großartigen Ziel geweiht, die Stammessprachen zu erlernen, die noch gar kein Alphabet haben, und die Bibel dann in diese Sprachen zu übersetzen. Gott schenkte mir Gelegenheit, die vielleicht wichtigste Gruppe dieser Missionare zu treffen, die einigen weit entfernten Stämmen das Evangelium bringen wollen. Hier hatten sich Ärzte, Piloten, Professoren, Lehrer und andere Leiter zusammengetan, um so die Inselbevölkerung evangelisieren zu können.

Während eines Abendgottesdienstes sprach ich zu einer Gruppe von Missionaren über die Engelerscheinungen. Während der Ansprache fiel mir ein, daß dies für sie ganz neu sein und ihnen Schwierigkeiten machen könnte. Aber Gott wußte das auch und handelte dementsprechend. Während der anschließenden Gebetszeit spürte der Bibelschulleiter eine starke Hand auf seiner Schulter. Er meinte, jemand hätte ihm die Hand aufgelegt, um mit ihm zu beten. Neugierig schaute er sich um — aber es war niemand da! Er sagte dann der Gemeinde: „Es ist echt! Es ist echt! Gott hat die Botschaft bestätigt! Ich kann zwar keinen Engel sehen, aber ich weiß ganz genau, daß ein

Engel seine Hand auf meine Schulter gelegt hat!“ Er blieb dann mit seiner Frau fast die ganze Nacht auf und sprach nur noch davon, daß er Gottes Hand auf seiner Schulter gespürt habe. Gabriel hatte ich hier auch nicht gesehen, aber jetzt durfte ich wissen, daß er den Weg hierher gefunden hatte!

An diesem Ort erhielt ich die Liste der Versammlungen, die ich auf den Philippinen zu leiten hatte. Es hat mich ziemlich gestört, daß ich sieben ganze Tage in nur zwei Gemeinden verbringen sollte. Das kam sehr überraschend, denn ich hatte den Reiseplan den philippinischen Brüdern überlassen. Ich fragte mich, warum ich so weit reisen mußte, um so wenig zu tun! Wenn ich nur in zwei Gemeinden sprechen sollte, hätte ich genausogut in Idaho bleiben können.

Ich unterhielt mich mit den Gästen bei der Wycliff-Schule, und sie erzählten mir allerlei spannende Geschichten über das Leben unter den Stämmen, wo niemand Englisch kann. Viele Stämme sind immer noch ganz primitiv; sie tragen nur Lendenschürze und schießen mit vergifteten Pfeilen. Irgendwie hat mich das gepackt, denn ich bekam das Gefühl, diese Tatsache würde mich in eine gewisse Richtung weisen. Das war dann nachher auch wirklich so, doch nicht wie ich dachte!

Am folgenden Montag traf ich mit einem Arzt, einem Professor und zwei Piloten zusammen. Sie waren gerade aus Mindanao zurückgekehrt, wo man vor anderthalb Jahren einen neuen Stamm entdeckt hatte. Dieser Stamm wohnt mitten im Dschungel. Der Professor hatte es geschafft, ersten Kontakt mit dem Stamm aufzunehmen und sich ein wenig zu verständigen. Als ich diesen Männern erklärte, Gott habe mich zu den Philippinen geschickt, sagten sie gleich: „Wir wollten uns hier ursprünglich ausruhen. Aber wir brauchen eigentlich keine Ruhe. Laßt uns morgen zurückkehren, und Sie kommen mit!“

Ich war von dieser Idee total begeistert, doch mußte ich einsehen, daß sie nicht durchführbar war, denn ich hatte anderweitige Verpflichtungen. Ich versuchte, mir etwas einfallen zu lassen, damit ich doch noch fliegen könnte. Die Missionare hatten ein Kleinflugzeug und hätten mich ganz in die Nähe des Stammes bringen können. Auf dem Flugplatz sei dann ein Hubschrauberpilot, der mich in den Dschungel bringen könne. Immer wieder sagten die Männer: „Da müssen Sie doch hin!“ Aber es ging nicht, weil ich mich zu anderen Diensten verpflichtet hatte.

Am Montag abend ging ich ins Bett und dachte bei mir selbst: „Ich habe diesmal richtig versagt! Es kann niemals Gottes Plan gewesen sein, daß ich die Reisepläne den hiesigen Brüdern überließ. Gott wollte, daß ich diesem neuentdeckten Stamme helfen sollte, und ich habe die Chance verpaßt! Und das kann ich jetzt nicht mehr ändern, denn die anderen Gottesdienste sind alle schon bekanntgegeben."

An diesem Ort war es sehr heiß und schwül, und ich konnte nur schlecht schlafen. Meine Gedanken quälten mich sowieso, so daß ich nicht schlafen konnte! Ich rang mit diesem Problem bis etwa 2 Uhr morgens und hatte das Bettlaken in einen regelrechten Knoten verwandelt, bevor ich schließlich doch noch einschlief.

Um etwa 4 Uhr morgens ging das Licht in meinem Zimmer an, und ich wurde geweckt. Das Gasthaus war nur sehr einfach möbliert, in jedem Zimmer standen nur zwei Betten. Als ich zum anderen Bett hinüberschaute, sah ich den Engel Gabriel sitzen. Mit ihm war der Engel, der ihn normalerweise begleitet. Ich war noch halb im Schlaf und sagte: „Wie hast du mich bloß hier gefunden?" Ich hätte die Engel unter normalen Umständen nicht so angeredet, aber meine Müdigkeit ließ mich die Würde dieser Gottesboten im Augenblick vergessen.

Gabriel sagte: „Das war für uns kein Problem! Schließlich haben wir deine Reise hierher geplant! Wir hatten auch einen guten Grund dafür: Du sollst dich hier unters Volk mischen, damit sie die Botschaft wirklich verstehen und in die eigene Heimat zurücktragen können." Es ging mir sofort besser! Er fuhr fort: „Wir sind gekommen, weil Gott gesehen hat, daß du befürchtest, du würdest deine Zeit hier verschwenden. Du sollst dir aber keine Sorgen um deine Reisepläne machen, Gott hat alles geplant. Jeder Mensch, dem du hier begegnen wirst, ist von Gott erwählt und soll deine Botschaft hören!"

Für mich war es natürlich ermutigend zu wissen, daß jeder, dem ich begegnen würde, im Plane Gottes sein würde, und ich habe mir danach keine Sorgen mehr gemacht. Ich fing an, gespannt nach den Menschen Ausschau zu halten, die Gott zu mir bringen würde. Ich war mitunter versucht, einiges selber herbeizuführen, aber das wäre nicht richtig gewesen. Vielleicht wäre ich dann irgendwo hingegangen, anstatt ruhig auf das zu warten, was Gott tun wollte.

Während meines Aufenthalts in Manila hielt ich eine Ansprache vor der Far East Advanced School of Theology (der theologischen Akademie des Fernen Ostens). Der Gottesdienst stand unter dem Segen Gottes. Die Akademie wird von jungen Menschen aus allen Ländern Südostasiens besucht und übt dadurch in diesem Erdteil erheblichen Einfluß aus. Zuerst hatte Gott also dafür gesorgt, daß die Botschaften durch die Wycliff-Mitarbeiter die ganzen Philippinen erreichen würde; und jetzt sorgte Er dafür, daß andere asiatische Länder die Botschaften zu hören bekommen würden. Unter den Studenten waren auch einige aus Burma, einem Land, das für westliche Missionare geschlossen ist.

Danach fuhr ich nach Iloilo, wo ich im besten Hotel untergebracht wurde. Von dort aus waren es einige Kilometer zur Hauptgeschäftsstraße oder zum Marktplatz, wie sie dort genannt wird. Ich war gespannt auf das, was hier geschehen würde. Ich dachte: „Wenn mir die Engel die Wahrheit gesagt haben — und wer möchte schon einen Engel Lügen strafen? —, dann werden sie die Menschen zu mir bringen. Ich kann zwar nicht wissen, welche Menschen sie bringen werden, aber die Engel wissen auf alle Fälle, wo ich bin."

Ich blieb nicht lange in meinem Zimmer, sondern ging lieber zur Vorhalle hinunter, um dort zu sitzen und die Menschen zu beobachten. Ich wollte zur richtigen Zeit an der richtigen Stelle sein! Am ersten Abend ist aber nicht viel geschehen.

Am nächsten Morgen ging ich zum Frühstück hinunter, und da begann Gottes Plan sich zu entfalten. An einem Tisch saßen zwei Geschäftsleute, die sprachen mich an: „Wir haben Sie gestern abend schon hier gesehen. Wir fragten uns, was Sie hier wohl machen. Wie ein Tourist sehen Sie nicht aus. Setzen Sie sich eine Weile zu uns und erzählen Sie uns, was Sie hierher führt."

Ich setzte mich und fing an zu erzählen: „Meine Herren, ich weiß nicht, was für einen Hintergrund Sie haben. Vielleicht werden Sie das, was ich Ihnen jetzt sage, nicht glauben. Mir hat nämlich ein Engel gesagt, daß jeder Mensch, mit dem ich hier rede, von Gott erwählt ist, meine Botschaft zu hören. Ich möchte also annehmen, daß Sie, meine Herren, beide von Gott auserwählt sind."

Sie schauten mich an, als würden sie überhaupt nichts von dem glauben, was ich sagte. Darum fügte ich hinzu: „Gott hat Sie auserwählt, weil Er Ihre Ausbildung und Ihren Hintergrund benutzen will, um Seine Ziele in den Philippinen zu erreichen. Gott handelt ja nicht mutwillig, Er hat Sie zu einer besonderen Aufgabe berufen. Welche Aufgabe, weiß ich nicht, aber ich bin mir sicher, daß Er Sie berufen hat. Gott hat einen Plan: Er möchte, daß Sie Ihm alles ausliefern, was Sie sind und haben. Denn Er hat Ihnen sowieso alles geschenkt."

Die beiden Männer schauten sich gegenseitig an, dann wagte einer zu sagen: „Das hört sich recht seltsam an, aber wir wollen's Ihnen glauben. Angenommen, wir sind auserwählt — was ist dann der nächste Schritt?"

Ich wußte wohl, was der nächste Schritt sein sollte, doch meinte ich, die beiden zuerst ein wenig überzeugen zu müssen. Es stellte sich jedoch heraus, daß sie jetzt schon bereit waren, weiterzugehen. Ich sagte dann: „Gott möchte, daß Sie folgendes zu Ihm sagen: »In Ordnung, Gott, hier bin ich. Ich bin froh darüber, daß Du mich liebst und mit meinem Leben etwas anfangen möchtest. Ich bin bereit, Deinen Willen zu tun. Ich gebe Dir mein Leben und nehme Dich an.«"

Die Männer konnten ohne weiteres glauben, daß diese Botschaft von Gott kam. Ohne zu zögern erhoben sie ihre Hände und beteten: „Gott, wir möchten uns Dir ausliefern. Wenn Du uns Fähigkeiten geschenkt hast, die Du gebrauchen möchtest, sollst Du sie haben. Ja, wir möchten, daß Du uns gebrauchen kannst!"

Einige Minuten sprach ich noch mit ihnen, dann redeten wir gemeinsam mit Gott. Wir beteten Ihn an und gaben Ihm die Ehre für Sein übernatürliches Wirken. Dann sagten mir die Männer: „Wir haben hier in Iloilo eine besondere Aufgabe, denn wir haben eine politische und wirtschaftliche Ausbildung hinter uns. Wir möchten den Rest unseres Lebens Gott dienen, indem wir anderen Menschen helfen."

Während des Gespräches erwähnte ich, daß mir der Engel gesagt hatte, mein Dienst sollte Befreiung bringen. „Gott ist den Philippinen wohlgesinnt. Er möchte den Menschen hier Befreiung bringen nach Leib, Seele und Geist. Dazu benutzt Er Pastoren, die der geistlichen Not begegnen." Ich fügte hinzu: „Das Volk ist arm und unterdrückt, das ist schon seit Jahrhunderten so. Zuerst waren die Chinesen da, dann die Spanier, dann die Amerikaner, danach die Japaner, und danach noch einmal die Amerikaner. Zuletzt wird das Volk von der eigenen Regierung unterdrückt. Gott möchte hier die Unterdrückten befreien!"

Daraufhin sagten die Männer: „Wir sind in der Lage, zu helfen.

Wir werden dazu beitragen, daß das Volk befreit wird.“ Ich mußte einfach „Halleluja“ rufen! Ich hatte mir diese Rede nicht vorher ausgedacht, aber ich wußte, daß Gott ein Herz für die Nöte dieses Volkes hat. Zur Zeit sucht Er die Philippinen mit Seiner Liebe heim!

Am Montag morgen begegnete mir in der Vorhalle des Hotels ein Mann. Er hatte mich sehr intensiv angeschaut, also dachte ich, ich sollte auf ihn zugehen, um festzustellen, ob er von Gott auserwählt sei oder nicht. Da er wie ein Amerikaner aussah, sprach ich ihn an: „Sie sind wohl Amerikaner.“ Aber nein, er sei Deutscher. Ich sagte ihm, eine ganze Menge Amerikaner seien deutscher Abstammung. Und dann fragte er mich, was ich hier vorhätte. Halleluja! Wieder einmal hatte mir Gott die Gelegenheit geschenkt, mit jemandem zu sprechen.

Ich fing das Gespräch ungefähr so an, wie ich es bei den beiden Geschäftsleuten getan hatte: „Ich weiß nicht, ob Sie mir das jetzt glauben werden. Ein Engel ist mir erschienen und hat mir gesagt, daß alle Menschen, mit denen ich auf den Philippinen ins Gespräch kommen würde, von Gott zu einer besonderen Aufgabe berufen seien. Wie Sie auf diese Botschaft reagieren werden, weiß ich nicht: Gott hat Sie auserwählt, meine Worte zu hören!“

Ich sagte ihm weiter, Gott wolle seine Fähigkeiten und Ausbildung gebrauchen.

Der Mann tat sein Herz auf und bekannte: „Das war mir noch nie klargemacht worden, daß mein Leben vor Gott wertvoll ist. Ich möchte gern einen Sinn für mein Leben finden.“

Ich sagte ihm, der Herr könne gerade seine Talente, seine Ausbildung, seine Intelligenz gebrauchen; er müsse sich Gott nur ausliefern. Sofort gab er sein Leben dem Herrn! Er fing an zu weinen und sprach leise mit Gott. Mit offenen Augen und erhobenen Händen schaute er hinauf und sagte: „Gott, stell Dir vor, ich bin erst seit einem Tag auf den Philippinen und schon habe ich einen neuen Arbeitgeber!“

Ich fragte ihn dann, warum er dort sei. Er sei vom Weltrat der Vereinten Nationen geschickt worden, um den armen und unterernährten Filipinos beim Aufbau der Landwirtschaft zu helfen. Ich erklärte ihm, daß Gott gewisse Menschen erwählt habe, die das Volk befreien sollten. „Bei Ihrer Arbeit können Sie jetzt dazu beitragen, daß Menschen aus der Knechtschaft des Hungers befreit werden.“

Daraufhin meinte er: „Ja, dafür bin ich ausgebildet worden. Ich gebe mich dem Herrn hin, um Ihm in dieser Arbeit zu dienen."

Von Iloilo aus fuhr ich mit dem Schiff auf die Insel Negro. Dort befand sich mein Hotel mitten in der Stadt. Ich sagte niemandem, auch nicht dem Pastor der dortigen Gemeinde, was ich tagsüber machen wollte. Zuerst schaute ich mir das Volk dort an und hatte großes Mitleid mit den Menschen; dennoch konnte ich mich mit niemandem unterhalten, weil niemand dort Englisch konnte. Erst nach einiger Zeit entdeckte ich einen jungen Mann, der etwas Englisch konnte, und er wurde zu meinem Übersetzer. Er war erst 21 Jahre alt und blieb die ganze Zeit über bei mir. Sogar wenn ich um 5.30 Uhr früh aufstand und das Hotel verließ, war er da und wartete auf mich! Gott hat ihn bestimmt bestellt, damit ich mich den Menschen mitteilen konnte. Gerade die Menschen, die ich am meisten erreichen wollte, hätten mich sonst überhaupt nicht verstehen können.

Am ersten Tag spazierte ich die Straße entlang und bemerkte eine gut angezogene Dame, die sich ein Handtuch vor das Gesicht hielt und offensichtlich weinte. Auf meine Frage antwortete sie, daß sie Ladenbesitzerin sei. Sie schluchzte dabei so heftig, daß sich ihre Schultern hoben und senkten.

Ich fragte: „Warum weinen Sie denn?"

Sie gab keine Antwort, sondern weinte weiter. Ich sagte ihr dann: „Ich bin Pastor und möchte Ihnen gern helfen. Gott liebt Sie und hat eine Lösung für Ihr Problem bereit." Ich wartete, während der junge Mann übersetzte.

„Sagen Sie dem Herrn, es ist nicht wichtig."

Als ich das hörte, mußte ich antworten: „Alles, was Ihnen wichtig ist, ist Gott auch wichtig." Sie ließ das Handtuch sinken, so daß ich ihre Augen sehen konnte, die vom langen Weinen rot waren. Ich nahm sie bei der Hand und betete, daß Gott sie mit Seinem mächtigen Arm umarmen und ihr aus der Not helfen möge. Nach dem Gebet schaute sie hinauf, und es kam mir fast so vor, als wären die Wolken gewichen und die Sonne aufgegangen.

„Fragen Sie ihn, ob er Jesus heißt! Ich habe schon so oft geweint, aber bisher hat sich niemand darum gekümmert. Dieser Mann ist anders!"

Touristen und Missionare bekommen eine ganze Menge Regeln, die sie im Ausland zu beachten haben. Mitunter heißt es, daß man sich nirgends einmischen soll. Hier hatte ich eindeutig gegen die Regeln verstoßen. Bevor ich mich umsehen konnte, hatte sich eine riesige Menschenmenge um uns versammelt. Sie waren alle neugierig, was sich hier wohl abspielen würde. Das Gerücht hatte sich schnell verbreitet, daß ich der Frau behilflich war.

Ich mißachtete die Regeln noch einmal, als ich eine alte Frau sah, die einen schweren Sack voll Reis trug. Die Frau hatte außerdem krumme Beine, und ich konnte mir das nicht ansehen. Ich fragte sie, wie weit sie den Sack noch tragen müsse. Sie antwortete: „Etwa 3 Kilometer." Ich hätte wahrscheinlich den jungen Dolmetscher bitten können, den Sack für die Frau zu tragen, aber statt dessen nahm ich den Sack selber auf den Rücken und brachte ihn für sie hin. Einige Leute haben das beobachtet; und bald gingen in der ganzen Stadt Gerüchte über mich um! Und die Stadt hat 360 000 Einwohner!

Als ich zum Marktplatz zurückkehrte, gingen die Leute hinter mir her. Sie hielten mich an und baten, mich mit ihnen zu unterhalten. Bei verschiedenen Gelegenheiten konnte ich dann den Menschen von Gottes großer Liebe sagen und sie ihnen praktisch zeigen! Während ich zu den Menschen sprach, wurden viele von verschiedenen Krankheiten, auch von Arthritis, geheilt. Ich hatte über Heilung nichts gesagt, ich habe auch nicht darum gebetet. Ich hatte nur erzählt, wie groß Jesus ist und wie sehr Er die Menschen liebt. Einige Taubstumme wurden sogar ohne Gebet geheilt. Da sie taub waren, hätten sie meine Botschaft nicht verstehen können; und da sie stumm waren, hätten sie sie auch nicht weitersagen können. Doch der Herr hat sie geheilt, da konnten sie hören und sprechen!

Gott bewies mir, daß diese Menschen wirklich von Ihm auserwählt waren, denn sie kamen nachher laufend ins Hotel, um für sich beten zu lassen.

Eines Tages traf die Nachricht ein, daß um 20 Uhr ein fürchterlicher Orkan in der Stadt zu erwarten sei. Es könnten viele Menschen ums Leben kommen. Ich war gerade in der dortigen Gemeinde, also sagte ich den Menschen, sie sollten in der Kirche bleiben, denn diese war wesentlich stabiler gebaut als die sonstigen Häuser, die leicht einstürzen könnten. In den nächsten Stunden hätte ich denken können, der Orkan sei schon da, denn die Winde heulten so laut wie Düsenflugzeuge um die Kirche, wo wir waren.

Ich versicherte der Gemeinde, sie sollten sich keine Sorgen machen. Für den Herrn sei es kein Problem, einen Orkan aufzuhalten und ihn sogar dorthin zurückzuschicken, wo er herkam! Gott ist ja schließlich Gott! Diese Menschen leben die ganze Zeit in Furcht, denn die Philippinen werden etwa zwanzigmal im Jahr von solchen Orkanen getroffen. Der Orkan, den wir jetzt erwarteten, war der stärkste seit vielen Jahren; bestimmt würden viele Menschen umkommen, alle hatten es mit der Angst zu tun.

Um 19.30 Uhr versammelten wir uns in der Kirche vor dem Altar zum Gebet. Der Orkan war nicht mehr weit weg, also baten wir den Herrn, ihn in eine andere Richtung zu schicken. Preis dem Herrn, Er griff auch tatsächlich ein, und der Mittelpunkt des Orkans traf eine Stelle, die unbewohnt war. Halleluja!

Der Orkan hätte alle Häuser und Gebäude in der Nachbarschaft zerstört, doch ging er an uns vorüber. Die Hauptstadt Manila wurde auch geschont: Dort wurde nur eine dünn besiedelte Gegend getroffen. Gott hat bestimmt eingegriffen! Wenn die Stadt Manila getroffen worden wäre, hätten Hunderttausende sterben müssen. Allein der Regen und der Wind ließen mehr als 270 000 Menschen obdachlos werden, aber der Orkan selbst tobte sich über den Reisfeldern aus. Dadurch wurde zwar die Reisernte zerstört, aber die Menschen überlebten! Wie wunderbar, daß Gott noch heute wirkt!

In der letzten Nacht vor meiner Rückreise war ich gerade dabei, meine Sachen zu packen, als ich die Nachricht bekam: „Ihr Flug fällt aus." Die orkanartigen Winde hielten immer noch an. Ich überlegte mir: „Wie lange wird dieser Orkan den Flugverkehr behindern? Und wie steht es um meine Platzkarten für den Flug von hier nach Manila? Sind sie noch gültig? Und wie wird das mit dem Flug von Manila nach Hause werden?"

Ich erhielt recht bald eine Antwort auf alle diese Fragen. Meine Platzkarten waren alle ungültig. Bis nächsten Mittwoch wären alle Plätze besetzt. Die Platzbestellung für den Flug von Manila nach Amerika sei nichtig. Wie lange würde es also dauern, bevor ich einen neuen Platz reservieren könne? Da kam mir aber der Gedanke: „Warum sollte ich mir Sorgen machen? Gott hat mich hierher gebracht, Er kann mich auch wieder nach Hause bringen!"

Um 1 Uhr rief ich in Manila beim Flughafen an. Die Straßen dort seien überschwemmt, die Winde erreichten Geschwindigkeiten bis 300 Stundenkilometer. Es gebe keine freien Plätze mehr. Nein, es könne mindestens sieben bis zehn Tage dauern, bevor etwas frei werde. — Da erinnerte ich mich an einen Mann, den mir Gott einmal in den Weg gestellt hatte, und der mir seine Visitenkarte gegeben hatte. Dabei hatte er gesagt, wenn ich jemals auf den Philippinen Hilfe brauchen sollte, dürfte ich seinen Namen benutzen. Ich entschloß mich, das jetzt auszuprobieren. Ich nannte seinen Namen und erwähnte, was er mir damals gesagt hatte — und binnen Minuten hatte ich einen Platz im nächsten Flugzeug nach Amerika! Gott hatte schon vorgesorgt.

Ich kam um 12 Uhr in Manila an. Bäume und Häuser waren alle niedergerissen. Die Überschwemmung war sehr schlimm; aus der Luft sah es so aus, als würde die Stadt mitten im Meer liegen. Zehntausende von Menschen wollten aus Manila wegfliegen. Ich war der einzige, der ohne Platzkarte nach Amerika fliegen konnte. Gott sei Dank und Ehre! Wegen des Namens, den ich genannt hatte, wurde ich besonders bevorzugt.

Anmerkung: Ich habe während dieser Reise *alle* Menschen angetroffen, die mir Gabriel zuvor genannt hatte!

Kapitel 12

Michael und seine Engel

Sehr früh an einem Montag morgen hörte ich laute Geräusche aus dem Erdgeschoß meines Hauses kommen.

Ich ging hinunter ins Wohnzimmer, um nach der Ursache zu suchen. Ich werde nie vergessen, was ich dort vorfand... Mein Haus war als Befehlsstelle eingerichtet für einen Krieg zwischen guten und bösen Engelmächten... Göttliche Befehle wurden dort empfangen und weitergeleitet... Der Feind hatte so heftig angegriffen, daß sogar Michael, Führer der Engelheere, erscheinen mußte.

Etwa um 2 Uhr in der Nacht zum Montag wurde ich von lauten Geräuschen geweckt, die aus dem Erdgeschoß meines Hauses zu kommen schienen. Sofort ging ich hinunter, um nach der Ursache zu suchen. Als ich ins Wohnzimmer ging, sah ich eine Szene, die mir Furcht und Erstaunen einflößte: Dort standen vier mächtige Kriegsengel, und um sie herum schien alles in Bewegung zu sein. Die Engelbesuche, die bis dahin geschehen waren, hatten mich immer mit Ehrfurcht erfüllt, aber diesmal erkannte ich im Geist, daß Gott etwas sehr Wichtiges tun wollte.

Unten an der Treppe schon war mir Gabriel begegnet und hatte mich gebeten, ins Wohnzimmer hineinzugehen.

Dabei sagte er: „Du brauchst keine Angst zu haben, doch sollst du wissen, daß du augenblicklich von Satan angegriffen wirst. Auch Satan hat Heerscharen von Engeln, doch sind sie nicht so zahlreich, auch nicht so mächtig wie die Heere Gottes. Finsternismächte sind nicht allgegenwärtig, und ihr endgültiges Schicksal steht jetzt schon fest.“

Weiter sagte Gabriel, er wolle mir darüber Gewißheit geben, damit ich das Volk Gottes stärken und die Gemeinde daran erinnern könne, in welch besonderer Zeit wir leben. Darum solle ich sehr intensiv zuhören. Satan habe entdeckt, daß Gott in der Stadt Boise in besonderer Weise wirken wolle, darum habe er seine Finsternismächte hierher geschickt, um den Christen zu schaden. Sie hätten den Auftrag, dem Volke Gottes wehzutun, indem sie weltliches Gedankengut in die Gemeinde einschleusen sollten, um so Gottes Werk zum Stillstand zu bringen.

Gabriel erinnerte mich an die Befreiung Israels aus Ägypten. Damals hätten die Finsternismächte versucht, Gott dadurch an Seinem Vorhaben zu hindern, daß sie alle neugeborenen männlichen Kinder umbringen ließen. Damit wollten sie auch Mose, den verheißenen Retter, mit töten. Bei der Geburt Jesu sei ungefähr dasselbe passiert.

Besonders hat es mich beeindruckt, als Gabriel sagte, daß Satan die Zukunft nicht voraussagen kann. Er kann auch keine Gedanken lesen. Er versucht zwar immer, Gott an Seinem Tun zu hindern, aber er weiß nie genau, was sich eigentlich abspielt — und das macht ihn sehr nervös! Gabriel offenbarte, daß der Heilige Geist immer dann eingreift, wenn Satans List zu einer ernsten Gefahr werden könnte. Er schickt Engelheere hin, die den Satan bekämpfen und alles wieder in Ordnung bringen.

Meine Aufmerksamkeit wurde besonders auf einen Engel gelenkt. Er war riesengroß und sah sehr grimmig aus, obwohl er gleichzeitig eine verblüffende Ähnlichkeit mit Gabriel hatte. Seine Augen waren wie glühende Kohlen! Ich war gerade dabei, seine große Kraft zu bewundern, als mir Gabriel schlicht mitteilte, dies sei Gottes mächtigster Kriegsengel, den Er hierher geschickt habe, um die Finsternismächte zu vertreiben. Ich wagte es kaum noch, zu atmen, denn hier stand ich zum ersten Mal dem Erzengel Michael gegenüber!

Es ist mehr oder weniger unmöglich, die unheimliche Ausstrahlung zu beschreiben, die von diesen Engeln ausging. In ihrer Gegenwart wurde ich mit Liebe und Barmherzigkeit erfüllt, ja sogar mit aller Frucht des Heiligen Geistes. Das kommt wohl daher, daß die Engel das Wesen Jesu selber ausstrahlen. Genau wie Jesus sind alle Engel voller grenzenlosen Erbarmens.

Gabriel eröffnete mir, daß Gott dem Engel Michael eine Botschaft für mich mitgegeben habe. Ich hörte ganz gespannt zu! Es ist alles wirklich geschehen, und ich könnte nie daran zweifeln. Schließlich habe ich ja alles selbst erlebt!

Gabriel erklärte mir, daß eine geistliche Schlacht in dieser Nacht stattfinde. Hier in meinem Wohnzimmer sei die Befehlsstelle, von wo aus diese vier mächtigen Engel den Engelheeren draußen die Befehle zukommen lassen würden. Der Heilige Geist, der ja alles wahrnehmen könne, teile ihnen hier die Situation mit. Ich hörte, wie diese vier Engelfürsten Befehle in mir unbekannten Sprachen an die sich noch mitten im Kampf befindlichen Engelheere weiterleiteten.

Michael sagte, Gott lasse diese Kämpfe so lange zu, bis Satan endgültig hinausgeworfen werde. Die Finsternisverbände würden laufend von Gottes Engeltruppen zerstreut. Darum sollte ich mich nicht fürchten, die Engel Gottes bekämen immer den Sieg. Die Engel wachen ja über uns, um uns zu schützen. Halleluja!

Eine ganze Zeit lang redete Michael mit mir über etwas, das ich in diesem Licht noch nie so gesehen hatte. Wenn Gott uns die Wahrheit offenbart, müssen wir unsere lehrmäßigen Schablonen sowieso vergessen, denn unser Gott ist allmächtig. Er „kann schaffen, was Er will" (Psalm 115, 3).

Wörtlich sagte Michael: „Bis zu der festgesetzten Zeit haben wir nicht die Aufgabe, den Satan zu zerstören, sondern nur die Finsternismächte zu zerstreuen. Diese Mächte treiben wir in die Enge, damit sie nicht an das Volk Gottes herankommen können."

Er fuhr fort: „Ich warte gespannt auf den großen Befehl, der mir eines Tages erteilt wird. Dann werde ich dem Satan keinen Respekt mehr zollen. Ich werde den ganzen Himmel von Satan und seinen Mächten so gründlich reinigen, daß kein einzelner unter ihnen übrigbleibt! Falls du es nicht schon weißt, sage ich dir, daß die bösen Mächte ständig dabei sind, Gottes Volk wegen Sünden zu verklagen, die schon vergeben sind."

Satan sieht die Dinge ganz anders als Gott. Zwar weiß er, daß Gott diese Sünden schon vergeben hat, doch versucht er immer wieder, das Volk Gottes unter die Verdammnis zu bringen. Michael fügte hinzu: „Eines Tages wird der Himmel ganz sauber gefegt werden. Luzifer wird vergeblich dagegen kämpfen, er hat keine Chancen. Das kannst du im 12. Kapitel der Offenbarung nachlesen!"

Hier erkannte ich zum ersten Mal, daß Michael der oberste Befehlshaber der Engel ist. Das Wort Gottes sagt folgendes dazu:

„Und es entbrannte ein Krieg im Himmel; Michael und seine Engel nahmen den Kampf gegen den Drachen auf. Auch der Drache und seine Engel kämpften, doch sie konnten nicht standhalten, und ihr Platz fand sich nicht mehr im Himmel. Und der große Drache, die alte Schlange, wurde hinuntergeworfen. Er heißt auch Teufel und Satan, der alle Welt verführt. Er wurde auf die Erde geworfen, und mit ihm wurden seine Engel dorthin geworfen. Und ich hörte eine mächtige Stimme, die sprach im Himmel: Nun gehört das Heil und die Kraft und die Herrschaft unserm Gott und die Macht Seinem Christus; denn der Verkläger unserer Brüder ist hinuntergeworfen worden, der sie Tag und Nacht vor unserm Gott verklagt hat. Sie haben ihn überwunden durch das Blut des Lammes und durch das Wort ihres Zeugnisses und haben nicht an ihrem Leben gehangen, sondern den Tod auf sich genommen. Darum freut euch, ihr Himmel und die darin wohnen! Weh aber der Erde und dem Meer! Denn der Teufel ist zu euch hinuntergekommen und hat großen Zorn, weil er weiß, daß er wenig Zeit hat" (Offenbarung 12, 7—12).

Satan und alle seine Truppen können Gottes Plan nie aufhalten, aber während der Trübsal wird es eine ganz schreckliche Zeit geben, denn alle gefallenen Engel werden auf der Erde sein. Doch wollen wir den Herrn preisen, denn Er wird uns Christen vorher entrücken!

Michael sagte weiter: „Im ganzen Himmel wird es keinen Platz mehr für diese Dämonen geben. Es wird kein einzelner übrigbleiben!" Das sagte er sehr bestimmt. Er ist zu jeder Zeit bereit, diesen Säuberungsauftrag zu empfangen und auszuführen!

Gabriel sagte mir, ich müsse diese Gute Nachricht weitersagen, um dem Volke Gottes Mut zu machen. Gott wacht über uns! Ja, Er wacht über die ganze Welt! Wenn wir aus Gottes Perspektive die Welt betrachten, dann erkennen wir, daß Er sie dem Satan keineswegs überlassen hat. Manchmal meinen wir, daß alles um uns her so finster wird; Gott will uns sagen, daß Er die Herrschaft für sich behalten hat.

Die beiden Erzengel sagten mir, die Finsternismächte seien am vorigen Sonntag so nahe gewesen, daß sich Kriegsengel Gottes in unserem Gottesdienst aufgehalten hätten, um uns zu beschützen. Halleluja! Ich war sehr erleichtert, als Michael sagte, er würde diese Engel so lange da lassen, wie sie benötigt würden.

Es ging eine unwahrscheinliche Kraft von Michael aus, denn er kam zu mir direkt aus der Gegenwart Gottes. Es dauerte fast einen ganzen Tag, bevor ich mich erholt hatte, denn der menschliche Körper ist einfach nicht dazu geschaffen, die Kraft zu vertragen, die von einem Engel wie Michael ausgeht. Da bin ich keine Ausnahme!

Es fällt uns allen sehr schwer, zu begreifen, was Gott in diesen Tagen tut. Diese Geschichten hören sich alle so seltsam an, doch sind sie das Wirken des einen Schöpfer-Gottes. Engel können allein auf Geheiß Gottes erscheinen, darum dürfen wir wissen, daß diese Offenbarungen letztendlich auf Gott selbst zurückgehen.

Trotz der Ähnlichkeit Michaels mit Gabriel erkannte ich, daß sein Angesicht grimmiger war als das Gabriels. Michaels Gesichtszüge waren sehr edel gebildet und entsprachen genau der Beschreibung beim Propheten Daniel. Er kleidete sich ähnlich wie Gabriel in einem weißen, mit feinem Gold bestickten Gewand mit breitem, goldenem Gürtel. An seinen tief gebräunten Füßen trug er sandalenähnliche Schuhe. Seine Hände und Arme waren so tief gebräunt, daß der Prophet Daniel „helles, glattes Kupfer" dazu sagte. Überhaupt war seine Hautfarbe sehr ungewöhnlich, denn sie glänzte mit dem Licht der Gegenwart Gottes, die sich in ihr widerspiegelte. Michael war von gebieterischer Majestät, und ich kann mir gut vorstellen, daß ein Feind große Angst vor ihm haben müßte.

Seine Haare sind hell, fast wie Flachs. Man könnte meinen, er wäre erst 25 Jahre alt. Es ist kaum zu begreifen, daß er älter als dieser Planet sein muß!

Die anderen Kriegsengel trugen ein braunes, hemdartiges Obergewand, das am Hals wie mit einer Kordel zusammengezogen war. An den Beinen trugen sie breite Hosen.

Bei den Engeln Gottes gibt es durchweg eine gut organisierte Hierarchie. Gabriel ist der ranghöchste Engel und steht vor Gott, um das System zu koordinieren. Die gründliche Organisation macht die himmlische Armee äußerst wirkungsvoll!

Es gibt auch Engel, die hier bei uns auf der Erde wohnen; sie nennt man „dienstbare Geister". Gott sagt in Seinem Wort, daß sie um uns her lagern. Immer wieder helfen und dienen sie uns, indem sie uns die Nöte und Sorgen abnehmen. Sie kennen den ganzen Streß unseres Lebens und wollen uns darin beistehen. Genauso wie Gott sind diese Engel voller Liebe und sorgen sich innigst um uns. Sie wohnen zusammen in Engelgemeinschaften und können auch als ganz normale Menschen erscheinen, denn sie haben nicht die Ausstrahlung der anderen Engel. Es gibt außerdem noch zwei weitere Arten von Engeln: die Cherubim und Seraphim.

In unseren Tagen gibt es auch eine Sondereinsatzgruppe von Engeln, die allein dem Engel Gabriel unterstehen. Sie haben die Aufgabe, verlorene Menschen zu Christen zu führen, die ihnen das Evangelium verkündigen. Sie hören auf keine menschlichen Einwände!

Michael ist der Oberbefehlshaber der Kriegsengel, die gegen die Finsternismächte kämpfen. Der Begleitengel Gabriels ist ein führender Kriegsengel, ein Hauptmann über die Heerscharen des Herrn.

Wie in irdischen Heeren gibt es auch in der himmlischen Armee allerlei Offiziere. Jeder hat einen besonderen Bereich, für den er verantwortlich ist, und eine entsprechende Befehlsgewalt. Als Luzifer fiel, nahm er eine Menge Engel aus den verschiedensten Rängen mit, und daher ist seine Armee ähnlich organisiert. Es gibt auch unter den Dämonen verschiedene Ränge.

Im Wort Gottes können wir von Fürsten der Finsternis lesen. Das sind die ranghöchsten Engel im Dienste Satans. Im Laufe der Geschichte hat Satan diese Fürsten immer dann zusammengerufen, wenn er erfuhr, daß Gott etwas Besonderes tun wollte. Sie entwarfen dann eine gemeinsame Strategie, um dieses Werk Gottes auf jede mögliche Weise aufzuhalten.

Das sehen wir am Beispiel von Daniel. Der Engel Gabriel sollte zu ihm kommen, aber 21 Tage lang kam er nicht durch, weil ihm die Fürsten der Finsternis entgegenstanden. Er konnte erst sein Ziel erreichen, als der Heilige Geist den Erzengel Michael sandte, um die Finsternismächte zu vertreiben.

Gabriel sagte Daniel folgendes: „Der Engelfürst des Königreichs Persien hat mir 21 Tage widerstanden; und siehe, Michael, einer der Ersten unter den Engelfürsten, kam mir zu Hilfe, und ihm überließ ich den Kampf mit dem Engelfürsten des Königreichs Persien.“

Heute wirkt Gott auch in besonderer Weise! Heute wie damals hat Er einen Ort erwählt, an dem Er sich und Sein Wort in aktueller Weise offenbaren will. Ohne Zweifel ist dieser Ort die Stadt Boise in Idaho, denn hier erscheinen die Engel heute. Sogar Satan hat das eingesehen, denn er schickte seine Finsternismächte hierher, um Gottes

Werk zu verderben. Aber der Teufel kann nicht siegen, Preis dem Herrn!

Als die Zeit kam in jener Nacht, wo die Engel bereit waren, das Haus zu verlassen, öffnete Michael mit einem der anderen Engel zusammen die Tür zur Terrasse und zum Garten. Es hatte in der Nacht geschneit; draußen lag der Schnee etwa 15 Zentimeter hoch. Die Engel taten drei Riesenschritte durch den Schnee und verschwanden ganz plötzlich!

Ihre Füße hatten den Schnee unter sich zusammengedrückt. Die riesigen Fußabdrücke waren alles, was von ihnen übrigblieb!

Kapitel 13

Auftrag der Engel

Was taten die Engel zwischen den uns überlieferten Erscheinungen? Ruhten sie sich aus? Oder was wurde aus ihnen?

„Die ganze Zeit haben wir uns damit beschäftigt, die Feinde Gottes zu vertreiben und Gottes Plan auszuführen... Ich befahl der himmlischen Armee, die Mauer Jerichos umzustürzen — und sie gehorchte!"

Das sagte mir der mächtige Begleiter Gabriels... und noch vieles mehr!

Wir leben in einer Zeit geistlicher Erneuerung. Seltsame Dinge geschehen; Menschen werden aus dem Sündenschlaf geweckt; Feinde des Kreuzes verlassen das feindliche Lager und treten an Jesu Seite; neue Stimmen verkündigen das Evangelium des Friedens! Das sind alles Beweise dafür, daß die himmlischen Heerscharen eingegriffen haben!

Wie oft habe ich schon Zeugnisse von Menschen gehört, die dem Herrn gänzlich fernstanden. Obwohl Freunde und Verwandte mit ihnen gesprochen hatten, wollten sie durchaus nicht zum Glauben kommen. Man hätte sie als hoffnungslose Fälle betrachten können; doch griff Gott durch einen besonderen Botschafter ein und machte ihnen den Weg zur Umkehr frei! Das passiert unter Sportlern und Geschäftsleuten, in der Welt der Unterhaltung, sowie in der Welt der Politik. Überall wenden sich Menschen Gott zu und entdecken, daß Er eine Realität ist. Dies alles zu bewirken, ist der Auftrag der Engel!

Wir wollen gemeinsam diesen wunderbaren Auftrag der Engel betrachten. Wir können sehr viel aus Richter 13 lernen: „Und die Kinder Israel taten wiederum, was dem HERRN mißfiel, und der HERR gab sie in die Hände der Philister 40 Jahre. Es war aber ein Mann in Zora von einem Geschlecht der Daniter, mit Namen Manoah, und seine Frau war unfruchtbar und hatte keine Kinder.“ Gott wollte diese 40 Jahre benutzen, um eine Familie zuzubereiten, durch die Er die Erlösung bringen würde.

„Und der Engel des HERRN erschien der Frau und sprach zu ihr: »Siehe, du bist unfruchtbar und hast keine Kinder, aber du wirst schwanger werden und einen Sohn gebären. So hüte dich nun, Wein oder starkes Getränk zu trinken und Unreines zu essen; denn du wirst schwanger werden und einen Sohn gebären, dem kein Schermesser aufs Haupt kommen soll. Denn der Knabe wird ein Geweihter Gottes sein von Mutterleibe an; und er wird anfangen, Israel zu erretten aus der Hand der Philister.« Da kam die Frau und sagte es ihrem Mann und sprach: »Es kam ein Mann Gottes zu mir, und seine Gestalt war anzusehen wie der Engel Gottes, zum Erschrecken, so daß ich ihn nicht fragte, woher oder wohin; und er sagte mir nicht, wie er hieß. Er sprach aber zu mir: ‚Siehe, du wirst schwanger werden und einen Sohn gebären. So trinke nun keinen Wein oder starkes Getränk und iß nichts Unreines; denn der Knabe soll ein Geweihter Gottes sein von Mutterleibe an bis zum Tag seines Todes.‘« Da bat Manoah den HERRN und sprach: »Ach, Herr, laß den Mann Gottes wieder zu uns kommen, den du gesandt hast, damit er uns lehre, was wir mit dem Knaben tun sollen, der geboren werden soll.« Und Gott erhörte Manoah, und der Engel Gottes kam wieder zu der Frau. Sie saß aber auf dem Felde, und ihr Mann Manoah war nicht bei ihr. Da lief sie eilends und sagte es ihrem Mann und sprach zu ihm: »Siehe, der Mann ist mir erschienen, der heute nacht zu mir kam.« Manoah machte sich auf und ging hinter seiner Frau her und kam zu dem Mann und sprach zu ihm. »Bist du der Mann, der mit der Frau geredet hat?« Er sprach: »Ja.« Und Manoah sprach: »Wenn nun eintrifft, was du gesagt hast: Wie sollen wir's mit dem Knaben halten und tun?« Der Engel des HERRN sprach zu Manoah: »Vor allem, was ich der Frau gesagt habe, soll sie sich hüten: sie soll nicht essen, was vom Weinstock kommt, und soll keinen Wein oder starkes Getränk trinken und nichts Unreines essen; alles, was ich ihr geboten habe, soll sie halten.« Manoah sprach zum Engel des HERRN: »Wir möchten dich gern hier behalten und dir ein Ziegenböcklein zurichten.« Aber der Engel des HERRN antwortete Manoah: »Wenn du mich auch hier hältst, so esse ich doch von deiner Speise nicht. Willst du aber dem HERRN ein Brandopfer bringen, so kannst du es opfern.« Manoah aber wußte nicht, daß es der Engel des HERRN war. Und Manoah sprach zum Engel des HERRN: »Wie heißt du? Denn wir wollen dich ehren, wenn nun eintrifft, was du gesagt hast.« Aber der Engel des HERRN sprach zu ihm: »Warum fragst du nach meinen Namen, der doch geheimnisvoll ist?« Da nahm Manoah ein Ziegenböcklein und Speisopfer und brachte es auf einem Felsen dem HERRN dar, der geheimnisvolle Dinge tut. Manoah aber und seine Frau sahen zu. Und als die Flamme aufloderte vom Altar gen Himmel, fuhr der Engel des HERRN auf in der Flamme des Altars. Als das Manoah und seine Frau sahen, fielen sie zur Erde auf ihr Angesicht" (Richter 13, 1—20).

Diese Geschichte enthält wunderbare Wahrheiten, die uns auch heute betreffen. Zum ersten sorgte Gott dafür, daß die Prophezeiung des Engels wahr wurde.

Zweitens lernen wir, daß Engel wie Menschen aussehen können, obwohl das nicht immer der Fall sein muß. Engel können auch unsichtbar bei uns sein! Bei dieser Gelegenheit erschien der Engel so, daß man ihn mit dem natürlichen Auge wahrnehmen konnte.

Die Bibel sagt uns, daß Engel Botschafter Gottes sind, die Seinen Willen tun. Gott gibt ihnen Befehle und Signale. Darum betete Manoah: „Gott, sende Du den Engel." Die Stelle zeigt uns ganz klar, daß wir zu den Engeln nicht beten dürfen. Und Befehle dürfen wir ihnen erst recht nicht erteilen! Einen Engel sollten wir niemals anbeten, denn es gibt im Wesen der Engel keinen Raum für Ehre oder Ruhm. Die Engel sind Gottes Heerscharen und allein dazu da, Ihm zu dienen.

In dieser Geschichte sehen wir auch, wie der Engel eine ganze Zeit bei Manoah und seiner Frau blieb. Er unterhielt sich mit ihnen und erteilte ihnen sogar Unterricht. Das tun die Engel heute noch!

Viele wunderbare Geschichten der Bibel zeigen uns, welchen Auftrag die Engel haben. Der Begleitengel Gabriels hat mir viele Geschichten in ganz lebendiger Weise erzählt, denn er war selber bei den meisten dabei!

In Josua 5, 13—14 hatten die Israeliten den Jordan gerade überquert und wollten das gelobte Land erobern. Josua ging hinaus und sah einen Mann, der ein Schwert in der Hand hielt. Josua fragte ihn dann, ob er zu den Israeliten oder zu den Feinden gehöre.

Wenn wir Christen heute eine ähnliche Antwort von einem Engel zu hören bekämen, wären wir höchstwahrscheinlich sehr enttäuscht. Er sagte nämlich: ,,Beides falsch! Ich bin nicht einer deiner Feinde, aber ich gehöre auch nicht zu deiner Armee. Ich bin Mitglied einer ganz anderen Armee und gehorche den Befehlen Gottes. Um mich her stehen Myriaden von Engeln, die dir, Josua, nicht sichtbar sind. Ich bin ihr Hauptmann.“

Einmal fragte mich jemand, ob sich diese Schriftstelle nicht auf Jesus auslegen lasse. Der Engel des Herrn sei eine Erscheinung Jesu. Daraufhin fragte ich Gabriels Begleitengel, aber er meinte, das sei wohl nicht möglich, denn er selbst sei der Hauptmann gewesen! Als Josua auf sein Angesicht fiel und anbeten wollte, sagte er ihm: ,,Zieh deine Schuhe von deinen Füßen; denn die Stätte, darauf du stehst, ist heilig.“ Dasselbe sagte der Engel des Herrn zu Mose, als er im brennenden Busch erschien (2. Mose 3, 4—5).

Der Engel sagte, daß Gott für alle Situationen einen Plan bereit halte. Jericho war die erste Stadt, die die Israeliten erreichten. Hier würde ein großer Sieg für Israel bedeuten, daß alle anderen kanaanäischen Könige und Armeen Angst bekommen würden. Sie würden erkennen, daß Gott auf Israels Seite stehe. Damit sie ein Wunder zu sehen bekommen könnten, sandte Gott ihn mit einer Engeltruppe. Damit hatte Gott schon festgelegt, wie Jericho zerstört würde!

Wenn wir eine Reise in die Vergangenheit machen könnten, um uns Gottes Pläne für diese Engeltruppe anzusehen, würden wir vielleicht folgendes lesen: ,,Die Kinder Israels sind unsere Alliierten. Sieben Tage hintereinander werden sie um Jericho herummarschieren, am letzten Tag sogar sieben Mal. Ich habe ihnen ihre Befehle schon erteilt, darum müssen wir unsere Pläne mit dem abstimmen, was sie tun werden. Die Priester werden in die Posaunen blasen und das Volk wird bei diesem Zeichen ganz laut rufen. Wenn ihr das hört, reißt die Mauer nieder!“

Er sagte mir weiter, wie sich die Engel oben auf der Mauer postierten und auf diesen Ruf der Kinder Israels warteten! Israel wußte natürlich nicht, was los war, aber Gott und Seine Engel hatten alles unter ihrer Kontrolle. Sie warteten so lange, bis der Ruf der Israeliten erscholl, dann schoben sie die Mauer mit aller Macht zu Boden. Die

Mauer war ja so dick, daß man ein Haus darauf bauen konnte! Es hätte nichts genützt, sie einfach umzukippen, denn dann hätten die Israeliten immer noch hinüberklettern müssen. Die Mauer wurde tatsächlich in die Erde hineingeschoben, so daß die Israeliten darüber hinweggehen konnten.

Das war der Auftrag der Engel! Ich kann mir gut vorstellen, wie der Engel des Herrn diese Befehle studierte und sich merkte, daß Gott eine einzige Ausnahme gemacht hatte. Rahab, die die beiden Kundschafter versteckte, die ins Land eingedrungen waren, um es zu erkunden, erhielt von Gott das Versprechen, daß sie und ihre ganze Familie gerettet werden sollten. Darum wurden einige Engel zu ihrem Haus an der Mauer beordert. Sie mußten dann diesen Teil der Mauer festhalten, während der Rest einstürzte!

Neulich sagte mir jemand, daß die Ausgrabungen bei Jericho beweisen würden, daß die Mauer in die Erde hineingeschoben wurde. Sie sei wie in einem Schacht. Stellen Sie sich einmal vor, welche Kraft die Engel dabei aufbringen mußten! Man hat mir auch gesagt, daß Archäologen die Stelle gefunden haben, wo Rahabs Haus gewesen sein muß. Halleluja!

Die ganze Bibel kann man in einem ganz neuen Licht lesen, wenn man weiß, daß dieselben Engel, die damals Israel bei der Einnahme Jerichos halfen, uns heute noch nach dem Willen des Heiligen Geistes beistehen. Gott hat unzählbare Scharen von Engeln. Er ist niemals hilflos! Natürlich könnte Er auch ohne Engel eingreifen, denn Er ist ja Gott, doch zieht Er es vor, Menschen und Engel mitarbeiten zu lassen.

Es war der Engel des Herrn, der Bileam davon abhielt, das Volk Gottes zu verfluchen. Bileam erlag der Versuchung, Israel für eine bestimmte Geldsumme zu verfluchen; aber bevor es soweit kam, befahl Gott einem Engel, Bileam in seinem Vorhaben Einhalt zu gebieten. Der Engel trat Bileam in den Weg, damit er von seinem bösen Vorhaben ablassen möge. Und als er dennoch weiterging, konnte er den Fluch nicht aussprechen, er mußte segnen. Wahrscheinlich dachte er: „Was ist denn mit mir los? Bin ich verrückt geworden?" Dann versuchte er noch einmal zu fluchen, aber er konnte immer nur einen Segen aussprechen!

Er erkannte nicht, daß ein Engel vor ihm stand und ihm eine andere „Schallplatte" in den Mund legte, damit Israel einen Segen bekäme! Gott ließ bei dieser Gelegenheit sogar einen Esel reden! Der Engel stand nämlich vor Bileam, so daß der Esel nicht weitergehen konnte. Bileam sah ihn nicht und versuchte, den Esel mit dem Stock weiterzutreiben, aber der Esel blieb ganz stur. Bileam wurde zornig und schlug ihn noch mehr. Da redete der Esel: ,,Bileam, habe ich dir nicht so viele Jahre gut gedient? Warum schlägst du mich?" Da öffnete Gott Bileam die Augen, daß auch er den Engel sah.

Warum ließ Gott so eine fantastische Geschichte überhaupt in der Bibel aufnehmen? Einfach weil sie wahr ist! Der Esel konnte reden, weil ihm ein Engel half! Und Bileam konnte nur das als Segen aussprechen, was ihm der Engel in den Mund legte.

Ich möchte jetzt einige Schriftstellen anführen, die uns die Gewißheit geben, daß die Engel heute noch bei uns sind und daß wir uns ihrer Anwesenheit bewußt sein dürfen. Wir dürfen Gottes Hilfe durch die Engel erwarten!

Ein Engel kam zu Zacharias und Elisabeth, um die Geburt Johannes des Täufers anzukündigen (Lukas 1, 11—20).

Der Engel Gabriel kam zu Maria und kündigte die Geburt Jesu, des Sohnes Gottes, an (Lukas 1, 26—35). Gott hatte Seinen Plan vor Grundlegung der Welt festgelegt und niedergeschrieben. Jetzt ging alles rechtzeitig in Erfüllung.

Gott hatte alles so geplant, daß es genau zur richtigen Zeit fertig sein würde. An genau dem von Gott festgesetzten Tag gab Jesus Sein Leben in den Tod als Sühnopfer. Diesen Tag hatte Gott nicht etwa erst einige Jahre zuvor beschlossen! Das sehen wir daran, daß Er schon dem Propheten Daniel Einblick in Seine Pläne gewährte.

Dem Daniel sagte Gott sinngemäß: ,,Daniel, Ich möchte dir einige Meiner Pläne zeigen. Israel wird 70 Jahre in der Gefangenschaft bleiben. Nach diesen 70 Jahren wird ein König einen Erlaß machen, daß Jerusalem wieder aufgebaut werde. Wenn du von da an 483 Jahre zählst, wirst du auf einen Mann kommen, der noch nicht geboren ist." Gott offenbarte Daniel alles über den großen Sieg Alexanders und über die Herrschaft der vier Generäle, die nach Gottes Plan an Stelle von Alexanders Söhnen regieren sollten. Und dann sagte Gott: ,,Nach 483 Jahren wird Jesus Sein Leben für die Welt dahingeben. Er wird nicht für sich selber, sondern für die Welt sterben!"

Und gerade zu der von Gott festgesetzten Zeit starb Jesus tatsächlich am Kreuz für die Sünden der Welt! Alles, was Gott tut, zeigt uns, wie sehr Er uns liebt und darum bemüht ist, uns zu helfen!

Ein Engel war es, der Josef warnte: „Als sie aber fortgezogen waren, siehe, da erschien der Engel des Herrn dem Josef im Traum und sagte: »Steh auf, nimm das Kind und seine Mutter, flieh nach Ägypten und bleib dort, bis ich dir's sage; denn Herodes hat vor, das Kind suchen zu lassen, um es umzubringen«" (Matthäus 2, 13).

Nachdem Jesus im Jordan getauft wurde, können wir im Wort Gottes lesen, was weiter passierte: „Da wurde Jesus in die Wüste geführt, um vom Teufel versucht zu werden. Und als Er 40 Tage und 40 Nächte gefastet hatte, war Er hungrig. Da trat der Versucher zu Ihm und sagte: »Bist Du Gottes Sohn, so sprich, daß diese Steine Brot werden.« Er aber antwortete: »Es steht geschrieben: ‚Der Mensch lebt nicht vom Brot allein, sondern von jedem Wort, das aus Gottes Mund kommt.'« Da führte Ihn der Teufel mit sich in die heilige Stadt, stellte Ihn auf die Zinne des Tempels und sagte zu Ihm: »Bist Du Gottes Sohn, so wirf Dich hinab; denn es steht geschrieben: ‚Er wird Seinen Engeln Deinetwegen Befehl geben; und sie werden Dich auf den Händen tragen, damit Du nicht mit Deinem Fuß an einen Stein stößt.'« Da sagte Jesus zu ihm: »Es steht auch geschrieben: ‚Du sollst den Herrn, deinen Gott, nicht versuchen.'« Dann führte Ihn der Teufel mit sich auf einen sehr hohen Berg, zeigte Ihm alle Reiche der Welt und ihre Herrlichkeit und sagte zu Ihm: »Das alles will ich Dir geben, wenn Du niederfällst und mich anbetest.« Da sagte Jesus zu ihm: »Weg mit dir, Satan! denn es steht geschrieben: ‚Du sollst den Herrn, deinen Gott, anbeten und Ihm allein dienen.'« Da verließ Ihn der Teufel. Und siehe, da traten Engel zu Ihm und dienten Ihm" (Matthäus 4, 1—11).

In Lukas 22, 43 lesen wir, daß ein Engel vom Himmel kam und Jesus in Gethsemane in der Stunde Seiner größten Not stärkte.

Engel werden in der ganzen Bibel, von 1. Mose bis Offenbarung, erwähnt. In 1. Mose 24, 7 lesen wir, daß Gott einen Engel aussandte, um Isaak eine Braut zu finden. Das war auch ein Teil Seines göttlichen Planes. In 2. Mose 23, 20 heißt es: „Siehe, Ich sende einen Engel vor dir her, der dich behüte auf dem Wege und dich bringe an den Ort, den Ich bestimmt habe." Gottes Engel waren es, die Israel Bahn machten, als sie aus Ägypten zogen.

In Psalm 34, 8 ließ der Heilige Geist folgendes von David niederschreiben: „Der Engel des HERRN lagert sich um die hier, die Ihn fürchten, und hilft ihnen heraus."

Denken Sie daran, wie Daniel in die Löwengrube geworfen wurde (Daniel 6, 22). Der König war sicher, daß die Löwen Daniel fressen würden; er meinte, es würde nichts als ein paar Fetzen am nächsten Morgen übrig sein. In der Nacht konnte der König auch nicht schlafen, denn er wurde von dem Gedanken gequält, daß Daniel gerade aufgefressen wurde. Es ließ ihn einfach nicht los, daß er diese grausige Tat begangen hatte und Daniel in die Löwengrube hatte werfen lassen.

Ganz früh am nächsten Morgen lief er hin und rief: „Daniel, du Knecht des lebendigen Gottes, hat dich dein Gott, dem du ohne Unterlaß dienst, auch erretten können von den Löwen?" Er erwartete eigentlich keine Antwort, doch wollte er es einmal versucht haben. Und tatsächlich hörte er Daniel antworten: „Mein Gott hat Seinen Engel gesandt, der den Löwen den Rachen zugehalten hat, so daß sie mir kein Leid antun konnten" (Daniel 6, 21.23).

Gottes Engel sind mächtig! Sie haben unbegrenzte Macht, denn sie handeln im Auftrag Gottes. Und wenn ein einziger Engel soviel tun kann, wieviel mehr ein ganzes Heer von Engeln?! Und ein solches Engelheer wirkt heute hier auf unserem Planeten! Immer, wenn Gott mit einem neuen Kapitel Seines Planes anfing, erschienen Engel und überbrachten den Menschen Botschaften. Und in unseren Tagen werden überall auf der Erde Menschen von Engeln besucht!

Das sollte uns etwas zeigen! Gott läßt unsere Welt nicht im Stich. Er ist dabei, mit einem neuen Kapitel Seines Planes anzufangen! Jesus wird bald wiederkommen! Halleluja! Bald wird die größte Rettungsaktion in der ganzen Geschichte der Menschheit stattfinden. Gott hat jetzt schon Seine Engel hinausgeschickt. Sie sind nicht nur vereinzelt erschienen, sondern man hört im ganzen Lande davon, daß Engel gesehen werden!

Mich hat das begeistert, was John Weaver, Pastor des Christlichen Zentrums in Bozeman, Montana, erzählte. Zweimal kam ein Engel zu ihm. Das erste Mal empfing er Anweisungen von Gott, aber er meinte, es sei ein Traum. Er hatte außerdem Angst, daß man ihn auslachen könnte. Aber zwei Wochen später begegnete ihm der Engel noch einmal, als er nach einem Gottesdienst im Auto nach Hause fuhr.

Er fuhr mit einem Tempo von rund 80 Kilometern; Türen und Fenster waren zu; der Beifahrersitz war leer. Doch plötzlich saß der Engel neben ihm und unterhielt sich eine Weile mit ihm. Er erinnerte John an die Aufgabe, die Gott ihm aufgetragen hatte. Als Pastor Weaver dann versprach, alles zu tun, was Gott ihm befohlen hatte, verschwand der Engel genauso plötzlich, wie er hereingekommen war! Wenn der Engel, der dem Manoah erschien, in einer Flamme auffahren konnte, warum sollte dieser Engel nicht aus einem fahrenden Auto verschwinden?

Die Bibel sagt uns, daß Gott unwandelbar ist. Das Wort Gottes sagt auch, daß Menschen Engel beherbergt haben, ohne sich bewußt zu sein, daß sie Engel waren. Man erkennt die Engel nicht immer, wenn man sie sieht. Es ist etwas Besonderes, wenn sie in einer Flamme auffahren, aus einem fahrenden Auto verschwinden — oder einen mitten in der Nacht wecken. Man erkennt sie nicht immer, aber sie sind deswegen nicht weniger da!

Kein Engel ist jemals gestorben. Und Engel werden auch nicht schwächer; ihre Macht ist geblieben. Sie werden hinausgeschickt, um für uns zu sorgen und um uns her zu lagern. In Psalm 91, 11 heißt es, daß sie uns auf allen unseren Wegen behüten. Sie kommen so schnell wie ein Gedanke Gottes zu uns. Vielleicht erscheinen sie als normaler Mensch auf der Straße. Manchmal erscheinen sie als dünne, fast unsichtbare Gestalten. Manchmal erscheinen sie wie Sie oder ich. Eines ist aber sicher: Man kann eine echte Engelerscheinung von einer bloßen Einbildung unterscheiden. Man braucht sich nicht anzustrengen, um Engel zu sehen. Wenn sie den Auftrag haben, zu erscheinen, dann werden sie sich auch ganz eindeutig offenbaren!

Die Engel bereiten uns Bahn, so wie sie das in der Bibel getan haben. Gott möchte, daß wir uns bewußt werden, daß Er nicht irgendwo hilflos herumsitzt. Er hat Seine Engel hinausgeschickt, um für Sein Volk zu sorgen! ,,Sie aber, da sie bezeugt und geredet hatten das Wort des Herrn, kehrten sie wieder um nach Jerusalem ... Aber der Engel des Herrn redete zu Philippus und sprach: »Stehe auf und gehe gen Süden auf die Straße, die von Jerusalem geht hinab nach Gaza, das da wüste ist«" (Apostelgeschichte 8, 25—27). Warum sagte ihm der Engel, er sollte in die Wüste gehen? Damit er den Kämmerer aus Äthiopien kennenlernen würde und ihn zu Jesus führen könnte! Heute will Gott genauso handeln!

Es wäre für uns äußerst spannend, wenn wir jetzt sehen könnten, wie die Engel gerade um unsere unbekehrten Verwandten werben! Vielleicht denken Sie, daß es weder im Himmel noch auf der Erde etwas gibt, was gerade diese Menschen zu Jesus führen könnte. Aber dort draußen sind Engel, die diese Menschen ziehen und schieben werden, bis sie auf Gottes Willen eingehen und sich Ihm übergeben. Die Engel haben heute einen besonderen Auftrag: sie sollen Ihnen, Ihren Verwandten, Ihren Freunden und Bekannten helfen, zu Gott zu finden!

Gott liebt uns so sehr, daß Er alles tut, um uns zu helfen! Er hat sogar Seinen Heiligen Geist gesandt, der uns beisteht, uns unterweist und über uns wacht. Die Engel haben sich um uns her gelagert! Wie könnte es uns schlecht gehen?

Gottes Engel haben heute wie in früheren Zeiten einen besonderen Auftrag. Halleluja!

Kapitel 14

Er kommt wieder!

... Wenn ich an die Wiederkunft Jesu denke, muß ich mich an die Worte Gabriels erinnern: „Seit Jesu erstem Kommen hat es noch nie soviel Aktivität und Erwartung in den Himmeln gegeben wie jetzt!"

Welchen Punkt haben wir heute im Zeitplan Gottes erreicht?

Wenn man den Aufenthalt der Menschen auf diesem Planeten von der Zeit Adams und Evas bis heute mit einer Uhr vergleichen könnte, dann stünden wir, so glaube ich jedenfalls, am Ende der zwölften Stunde, kurz bevor die Uhr zwölf schlagen würde. Es gibt viele Hinweise darauf, daß wir auf das Ende der uns bekannten Dimension der Zeit zugehen.

Jesus kommt! Einen genauen Zeitpunkt hat Er uns nicht angegeben, aber die Zeichen der Zeit dürfen wir erkennen. Jede Jahreszeit wird von gewissen Erscheinungen in der Natur begleitet. Im Frühling wird das Gras grün, und die Knospen schießen hervor. Im Sommer blühen die Blumen. Im Herbst färbt sich alles braun und gelb. Der Winter bringt kaltes Wetter oder Schnee. Durch diese verschiedenen Erscheinungen erkennt man, welche Jahreszeit gerade ist.

Wir wissen nicht, wieviel Zeit wir noch haben. Wir erkennen nur, daß wir in den spannendsten und wichtigsten Tagen der Weltgeschichte überhaupt leben dürfen! In diesen Tagen geben mehr Menschen denn je Gott eine Antwort auf Sein Rufen. Aus allen Religionsgemeinschaften und Lebensbereichen heraus werden Menschen berufen und zu einer lebendigen Hoffnung wiedergeboren.

Menschen entdecken, daß es nur ein einziges, sicheres Fundament für das Leben gibt: das ewige Wort Gottes. Überall auf der Welt entsteht ein Hunger in den Herzen der Menschen: Sie möchten Gottes Wort, Seine Verheißungen besser verstehen. Plötzlich begreifen sie, daß Gott Seinem eigenen Charakter nie widersprechen wird und deswegen Sein Wort immer in Erfüllung gehen läßt!

„Ich gehe ja hin, um die Stätte für euch bereitzumachen. Wenn Ich nun hingehe und die Stätte für euch bereitmache, will Ich wiederkommen und euch zu Mir nehmen, damit ihr seid, wo Ich bin" (Johannes 14, 2—3). JESUS SAGTE, DASS ER WIEDERKOMMEN WIRD!

„Es werden Zeichen an Sonne, Mond und Sternen geschehen, und auf Erden werden die Völker voller Angst und Schrecken sein, denn das Meer wird donnern und toben, und die Menschen werden vergehen vor Furcht in der Erwartung der Dinge, die über die ganze Erde kommen sollen; denn die Kräfte der Himmel werden ins Wanken kommen. Und dann werden sie den Menschensohn in einer Wolke kommen sehen mit großer Kraft und Herrlichkeit. Wenn aber das alles zu geschehen anfängt, dann seht auf und erhebt eure Häupter, weil sich eure Erlösung naht" (Lukas 21, 25—28).

„Und als sie Ihm nachsahen, wie Er zum Himmel fuhr, siehe, da standen zwei Männer in weißen Gewändern bei ihnen. Die sagten: »Ihr Männer von Galiläa, was steht ihr da und seht zum Himmel? Dieser Jesus, der von euch weg in den Himmel aufgenommen wurde, wird auf dieselbe Weise wiederkommen, wie ihr Ihn habt zum Himmel fahren sehen" (Apostelgeschichte 1, 10—11). Als Jesus hier war, besuchten Engel die Erde. Und das tun sie heute noch!

Ist es Ihnen aufgefallen, daß die Engel sagten: „*Dieser* Jesus"? Heute reden die Engel genauso wie damals; sie bringen dieselbe Gute Nachricht, daß Jesus wiederkommt! *Dieser* Jesus kommt wieder auf die Erde! Ich weiß nicht, wie oder wann, ich bin mir aber sicher, *daß* Er kommt! Gott hat sowieso einen ewigen Vorrat an Geheimnissen, die Er uns nicht offenbaren wollte. Aber Er hat uns ganz eindeutig geoffenbart, *daß Jesus wiederkommt!*

Für die Jünger war es eine dringende Sache, sich auf die Wiederkunft ihres Herrn vorzubereiten. Sie freuten sich auf die Zeit, wenn „der Herr selbst mit befehlendem Wort, mit der Stimme des Erzengels und mit der Posaune Gottes herabkommen wird, und die Toten, die in Christus gestorben sind, auferstehen werden" (1. Thessalonicher 4, 16).

Paulus sagt, daß wir alle, die wir an Jesu Tod und Auferstehung glauben, auch an die Wiederkunft glauben sollen. Wir sollten uns gegenseitig mit dieser Lehre trösten (1. Thessalonicher 4, 18). Wir dürfen mit anderen Menschen über dieses spannende Thema reden. Wenn wir jemand antreffen, der gerade deprimiert ist, dürfen wir ihm zurufen: „Freue dich, Jesus kommt wieder!"

Diese positive Einstellung finden wir in vielen Stellen der Schriften des Apostels Paulus. Weil Gott uns liebt und für uns sorgt, brauchen wir uns nicht in eine Hektik hineinzubegeben, um auf die Wiederkunft des Herrn bereitet zu werden. Der Weg mit Jesus kann manchmal sogar bergab gehen, aber wenn man sich Ihm anvertraut hat und Ihm von ganzem Herzen dienen will, so gehört man endgültig zur Familie Gottes. Der Gott des Friedens wird uns durch und durch heiligen und „bewahren euren Geist samt Seele und Leib unversehrt, damit ihr untadelig seid bei der Ankunft unseres Herrn Jesus Christus. Treu ist Er, der euch beruft; Er wird's auch tun" (1. Thessalonicher 5, 23—24).

Der Inhalt der Engelbotschaften macht es uns leicht, neuen Sieg in unserem Leben zu finden. Sie dürfen sich entspannen, Sie dürfen aufhören, in eigener Kraft zu kämpfen. Statt dessen dürfen Sie Sein Leben durch sich hindurchfließen lassen. Dieses überfließende Leben wird alle Probleme und Sorgen überwinden, die Sie sonst mit sich herumschleppen. Und wenn wir unseren Blick fest auf Jesus, der die Antwort ist, statt auf die Probleme richten, dann fällt es uns leicht, Sein Leben durch uns hindurchströmen zu lassen.

In Jakobus 5, 7—8 heißt es: „So seid nun geduldig, liebe Brüder, bis der Herr kommt. Siehe, der Bauer wartet auf die kostbare Frucht der Erde und ist geduldig, bis sie den Frühregen und den Spätregen empfangen hat. So seid auch ihr geduldig und stärkt eure Herzen; denn der Herr kommt bald." Vielleicht kommt Er nicht gerade dann, wenn Sie meinen, daß Er's müßte; denn Er muß dieses oder jenes noch vollenden, bevor der große Tag kommen kann. Aber Sie sollen geduldig sein in der Gewißheit: Er *wird* kommen.

Der Apostel Petrus schrieb auch über die Zeit, wenn der Herr Jesus vom Himmel her geoffenbart werden wird. In 1. Petrus 1, 13 sagt er, daß wir aufhören können, uns Sorgen zu machen, denn wir dürfen darin ruhen, daß Er bei Seiner Offenbarung besondere Gnade mitbringen wird! Wir brauchen die Schwächen, die Verletzungen und die Verfolgungszeiten unseres Lebens nicht anzuschauen; vielmehr dürfen wir uns auf die besondere Gnade freuen, die uns an jenem Tage zuteil wird. „Ihnen wollte Gott kundtun, was der herrliche Reichtum dieses Geheimnisses unter den Heiden ist, nämlich Christus in euch, DIE HOFFNUNG AUF HERRLICHKEIT“ (Kolosser 1, 27).

In 1. Johannes 3, 2 sprach Johannes von der Wiederkunft Jesu: „Es ist noch nicht offenbar geworden, was wir sein werden. Wir wissen aber: wenn es offenbar wird, werden wir Ihm gleich sein; denn wir werden Ihn sehen, wie Er ist.“

In Judas 24 schreibt Judas auch in bezug auf die Wiederkunft: „Dem aber, der euch vor dem Straucheln behüten und unter Frohlocken untadelig vor Seine Herrlichkeit stellen kann ...“ Judas glaubte an diese Worte! Darum konnte er seine Leser ermahnen, damit aufzuhören, sich darüber Sorgen zu machen, daß sie etwa straucheln könnten! Gott ist groß genug, um auch Sie zu berufen, Ihnen in Ihrer Situation zu helfen, und Sie sogar von allen Ihren Sünden zu befreien!

Alle Zeichen der Zeit sagen uns, daß Jesus kommt! Das niedrige moralische Niveau, das die zunehmende Aktivität Satans zeigt, die Zeichen in der Natur und das große Wirken des Heiligen Geistes — alles weist auf die Wiederkunft Jesu hin! Es gibt keinen Zweifel mehr! Etwas geschieht heute im geistlichen Bereich, und wir, die wir heute leben, sind ein Teil davon!

Wenn ich an die Wiederkunft Jesu denke, muß ich mich an die Worte Gabriels erinnern: „Seit Jesu erstem Kommen hat es noch nie soviel Aktivität und Erwartung in den Himmeln gegeben wie jetzt!“

MARANATHA, KOMME BALD,
HERR JESUS!

Kapitel 15

Nachwort von Charles und Frances Hunter

Pastor Buck schaute hinunter... Gabriel schwebte etwa zehn Zentimeter über dem Fußboden!

...Dann schaute er auf die Füße des anderen Engels hinunter: Auch er schwebte etwa 45 Zentimeter über dem Fußboden.

...Dann schaute er auf die eigenen Füße hinunter. Zu seinem äußersten Erstaunen sah er, daß auch er selbst etwa 45 Zentimeter über dem Fußboden schwebte!

Als wir mit diesem Buch beinahe zu Ende waren, riefen wir bei Pastor Buck an, weil wir einige geringfügige Änderungen vornehmen wollten. Bei dieser Gelegenheit teilte er uns zögernd mit, daß sich in den frühen Morgenstunden des 18. März 1979 ein weiterer Engelbesuch ereignet habe.

Gabriel und zwei andere Engel kamen zu seinem Haus mit einer Botschaft von Gott. Sie sagten, der Herr möchte sehr gern, daß Sein Volk die Bedeutung von Lobpreis und Anbetung verstehe.

Die Engel sagten ihm dann: „Du sollst jetzt mit uns zusammen anbeten."

Sofort empfing Pastor Buck eine neue Gebetssprache, die er noch nie gesprochen hatte. Fünfunddreißig Minuten lang lobten und priesen die drei Engelboten und Pastor Buck gemeinsam den Herrn. Pastor Buck sagte nachher, es sei, als wäre ein Strom des Lobpreises durch ihn hindurchgeflossen. Er konnte damit selber weder anfangen noch aufhören.

Während sie so zusammen Gott lobten und priesen, öffnete Pastor Buck die Augen und sah etwas, das er nicht begreifen konnte.

Von den Engeln, die an jenem Sonntagmorgen anwesend waren, ist der Begleitengel Gabriels größer als die anderen. Doch als Pastor Buck ihn anschaute, merkte er, daß alle gleich groß waren. Gabriel, der dritte Engel und er selbst — alle waren genau so groß wie er! Wie war das möglich?

Pastor Buck schaute hinunter. Gabriel schwebte etwa zehn Zentimeter über dem Fußboden! Dann schaute er auf die Füße des dritten Engels hinunter: Auch er schwebte, etwa 45 Zentimeter über dem Fußboden. Dann schaute er auf die eigenen Füße. Zu seinem äußersten Erstaunen sah er, daß auch er selbst etwa 45 Zentimeter über dem Fußboden schwebte! Zum ersten Mal in seinem Leben schwebte er in der Luft.

Zu dieser Zeit teilte ihm Gabriel etwas Interessantes mit. Er sagte, alle Engel und alle Menschen seien vor Gott gleich, wenn sie nur loben und preisen! Die beste Methode auf Erden, die Menschen alle auf die gleiche Ebene zu heben, ist die Anbetung! Das wurde durch dieses Schweben ganz praktisch demonstriert!

Wird so etwas auch anderen Menschen passieren? Laut Gabriel wird es allen Christen passieren, wenn Jesus wiederkommt, um sie zu sich zu holen. Die Bibel sagt folgendes dazu:

„Wir wollen euch aber, liebe Brüder, nicht im Ungewissen lassen über die, die entschlafen sind, damit ihr nicht traurig seid wie die andern, die keine Hoffnung haben. Denn wenn wir glauben, daß Jesus gestorben und auferstanden ist, so wird Gott ebenso auch die Entschlafenen durch Jesus mit Ihm zum Leben führen. Denn das sagen wir euch mit einem Wort des Herrn: Wir, die wir noch leben und bis zur Ankunft des Herrn am Leben bleiben, werden denen nicht zuvorkommen, die entschlafen sind. Denn der Herr selbst wird mit befehlendem Wort, mit der Stimme des Erzengels und mit der Posaune Gottes vom Himmel herabkommen, und zuerst werden die Toten, die in Christus gestorben sind, auferstehen. Danach werden wir, die wir noch am Leben sind, zugleich mit ihnen in die Luft entrückt werden, dem Herrn entgegen; und so werden wir beim Herrn sein für alle Zeit. So tröstet einander mit diesen Worten“ (1. Thessalonicher 4, 13—18).

Pastor Buck hat einen Glaubensmut, den wir noch bei keinem

anderen gesehen haben. Er hat die Freiheit, alles weiterzusagen, was in seinem eigenen Leben geschieht. Dieses Buch hat uns viele biblische Wahrheiten klar werden lassen.

Wir haben das Gefühl, wir Christen stehen kurz vor dem großen Ereignis, dem Erreichen unseres höchsten Zieles: WIR WERDEN IN EWIGKEIT BEI GOTT SEIN UND BEI SEINEM CHRISTUS!

Halleluja!

Charles und Frances Hunter

Kapitel 16

Der Anfang

Die amerikanische Ausgabe dieses Buches hat binnen zwei Monaten drei Auflagen erlebt. Wir fragten uns, warum in der ersten Auflage sieben Seiten am Ende des Buches leer geblieben waren. Jetzt wissen wir die Antwort!

Als wir das Engelbuch im Auftrag von Pastor Buck schrieben, gab uns Gott übernatürliche Kraft und Energie dazu. An manchen Tagen arbeiteten wir 16 bis 20 Stunden lang, weil wir meinten, es sei so dringend, diese Botschaft in die Welt zu tragen! Die Gegenwart der Engel erfüllte unser Haus, während Gott uns stärkte und uns Seine Liebe zeigte.

Aber obwohl sich Gott in Seiner Liebe so mächtig erwies, konnten wir nicht ahnen, was geschehen würde, nachdem das Buch „Begegnungen mit Engeln" auf den Markt kam!

Gott hatte ja am Anfang gesagt, daß Er den Botschaften Flügel verleihen und sie begleiten wolle, wo sie auch hinkämen. Aber wir hätten uns nie träumen lassen, daß Gottes Plan zur Rettung von Familien *diese* Ausmaße annehmen würde! Und das, obwohl wir das Kapitel „Gute Nachricht für Sie und Ihre Familie" selber geschrieben hatten!

In Amerika also wird das Buch jetzt zum dritten Mal binnen zwei Monaten aufgelegt. Wir fragten uns, warum in der ersten Auflage sieben Seiten am Ende des Buches leer geblieben waren. Jetzt wissen wir es! Gott wollte, daß wir Ihnen einige Dinge mitteilen, die geschehen sind, seitdem das Buch erschienen ist.

... Eine 84jährige Frau kaufte sechs Exemplare von „Begegnungen mit Engeln" und schenkte jedem ihrer unbekehrten Kinder ein

Exemplar. Jedes Kind, nachdem es das Buch gelesen hatte, nahm Jesus als Herrn und Heiland an! Halleluja!

... Die Tochter eines Pastors rief bei Pastor Buck an und teilte diese schöne Geschichte mit: Sie sei mit 16 Jahren vom Glauben abgekommen und sei in großer Gottesferne gewesen. Dann habe ihr jemand ein Exemplar des Buches „Begegnungen mit Engeln" geschickt. Während sie es gelesen habe, sei ihr die Botschaft von Gottes Liebe ganz deutlich geworden. Das habe sie so tief bewegt, daß sie sich neu dem Herrn auslieferte. Kurz darauf habe sie auch ihre Putzfrau zum Herrn geführt!

... Ein Mann aus Spokane im Bundesstaat Washington, der bei der Post arbeitet, rief bei uns an, um uns zu erzählen, daß er das Buch „Begegnungen mit Engeln" gekauft habe, nachdem er unsere Werbung in einer Zeitschrift gesehen hatte, die er austragen mußte. Er habe das Buch noch nicht gelesen, weil sein 12jähriger Sohn es nicht wieder weglegen wollte. Der Junge sollte sich demnächst einer Krebsoperation unterziehen. Der Vater meinte: „Er geht als ganz anderer Mensch ins Krankenhaus!"

... Eine Frau rief vom Bundesstaat Mississippi an und berichtete, ihr Mann und drei Söhne hätten angefangen, das Buch „Begegnungen mit Engeln" zu lesen, obwohl sie noch nicht gläubig wären. Aber alle hätten sich durch das Kapitel „Gute Nachricht für Sie und Ihre Familie" bekehrt. Inzwischen bekundete einer von ihnen, vom Herrn zum Evangelisten berufen zu sein.

... Als wir in Lorain, Ohio, waren, baten wir am ersten Abend die Gemeindeglieder, sich die Namen ihrer unbekehrten Familienglieder auf die Hand zu schreiben. Dann beteten wir und baten Gott, Engel hinauszuschicken, um diese Menschen zu Verkündigern des Evangeliums zu führen. Danach dankten wir Ihm, daß wir schon vor unserer Abfahrt aus der Stadt konkrete Erhörungen erfahren würden! Drei Abende später kam ein 79jähriger Mann nach vorn und sagte ganz schlicht: „Ich möchte errettet werden!" Er war früher Atheist, der Vater eines der Gemeindeglieder, die am ersten Abend über seinen Namen mit uns gebetet hatten. Preis dem Herrn!

... Bei einer Versammlung der AGLOW-Gemeinschaft in Texas baten wir alle Frauen, deren Männer noch nicht errettet seien, sich den Namen ihres Mannes auf die Hand zu schreiben und die Hand emporzuheben. Gleich am nächsten Morgen wachte einer dieser

Männer auf und sagte: „Liebling, ich weiß gar nicht, was mit mir los ist. Rufe bitte beim 700-Club an (einem christlichen Fernsehprogramm, d. Üb.), denn ich *muß mich unbedingt sofort bekehren!*" An Ort und Stelle nahm er Jesus als Herrn und Heiland an! Er hatte nicht gewußt, was los war, aber *wir* konnten es gut erraten — ihn hatten die ganze Nacht Engel umgeben!

... Bei einer Versammlung in New York baten wir alle, die unbekehrte Familienglieder hätten, die Namen auf einen Zettel zu schreiben und sich diesen Zettel auf die Hand zu legen. Dann sollten sie den Herrn bitten, einen Engel hinauszuschicken, damit er das Nötige tue, um sie zu Jesus zu bringen. Ich betete ganz besonders mit einer Frau, die der Meinung war, ihr Mann würde *niemals* in einen Gottesdienst kommen. Ich warnte sie davor, die Kraft Gottes zu unterschätzen — und zu ihrem Erstaunen erschien ihr Mann tatsächlich im Abendgottesdienst. Hinterher betete er nicht um Sündenvergebung, sondern ging nach hinten. Während Charles dabei war, vorn für die Kranken zu beten, sagte mir der Heilige Geist, ich müsse nach hinten laufen. Ich kam gerade rechtzeitig an, um diesen Mann dort anzutreffen. Ich sagte ihm, die Engel hätten ihn hierher gebracht, und fragte ihn, ob er nicht sein Leben dem Herrn übergeben wolle. Und genau das tat er! Als er merkte, wie real Gott ist, strömten ihm die Tränen das Gesicht herunter. Er empfing an jenem Abend ein ganz neues Leben!

... In Michigan sagte mir der Heilige Geist, ich müsse in den hinteren Teil der Kirche gehen. Zuerst schien niemand da zu sein, doch dann öffnete ich eine Tür, und dahinter stand ein Mann, der so betrunken war, wie es jemand überhaupt sein kann. Ganz schlicht und einfach sagte ich ihm: „Die Engel haben Sie heute abend hierher gebracht, damit Sie errettet werden. Möchten Sie nicht Jesus annehmen?" Die Engel hatten wirklich ihren Dienst getan, denn der Mann fing an zu weinen und betete um Vergebung seiner Sünden. Halleluja!

... Eines Abends kaufte sich ein junger Mann ein Exemplar des Buches „Begegnungen mit Engeln" und konnte es erst wieder weglegen, als er es ganz durchgelesen hatte. Am nächsten Tag sagte er sich: „Ich habe immer wieder davon gehört, daß Gott mich liebt. Aber jetzt weiß ich das tief in meinem Innern zum ersten Mal!"

... Eines der spannendsten Dinge überhaupt passierte uns in

Wyckoff im Bundesstaat New Jersey. Am Nachmittag hielten wir einen Gottesdienst und predigten, daß Gottes Engel auch heute noch erscheinen. Plötzlich fingen sechs oder sieben Leute an, auf die Kanzel zu deuten und zu rufen: „Schaut euch die Lichtstrahlen an! Schaut euch die Lichtstrahlen hinter euch an! Sie sind direkt hinter euch!"

In einem Augenblick fingen alle an zu rufen: „Lichtstrahlen, Lichtstrahlen, schaut sie an!" Vor Freude sprangen sie auf und nieder!

Wir erklärten ihnen, daß die Engel von Licht umgeben sind, weil sie in der Herrlichkeit wohnen. Wahrscheinlich sei das, was sie jetzt sehen würden, dieses Licht. Komischerweise hat keiner von uns beiden sich danach umgesehen.

Später, als wir zur Vorstellung des Buches nach Boise kamen, sagte uns Pastor Buck: „Habe ich euch schon erzählt, daß Gabriel mir sagte, er sei mit seinen Engeln bei euren Gottesdiensten in New York dabeigewesen? Er sagte, sie seien nicht in der üblichen Weise erschienen, sondern sie kamen als LICHTSTRAHLEN!"

Ehre sei Gott in der Höhe!

Weitere Titel aus dem Asaph-Verlag

Floyd McClung

Freundschaft mit Gott

190 Seiten, Paperback, Best.-Nr. 147422

In Ihrer Buchhandlung oder direkt bei www.asaph.net